海外咨询小组
Grupo de Asesoramiento en el extranjero

周敏康	西班牙巴塞罗那自治大学
Iñaki Preciado（毕隐崖）	西班牙汉学家、藏学家
Taciana Fisac	西班牙马德里自治大学
Pedro Sangines Aguilar	西班牙格拉纳达大学
张正权	西班牙格拉纳达大学
Alicia Relinque	西班牙格拉纳达大学
徐宗辉	西班牙作家艺术家协会书画家
Enrique García	西班牙著名诗人
María Dolores García	西班牙中国之友协会
María del Carmen Osuna	西班牙中国之友协会
Modesto Corderi Novoa	西班牙加里西亚地区教育局官方语言学校
Liljana Arsovska	墨西哥汉学家
Pablo Arturo Aguirre	墨西哥国际商会
Edgardo Bermejo	墨西哥驻华大使馆
Cristina Díaz Rodríguez	古巴哈瓦那大学
María Regla Pereza	古巴哈瓦那大学
Hermes Herrera Hernández	古巴外交部高等国际关系学院
Mirta Vizquerra Martínez	古巴国立艺术博物馆
Quillermo Dañino	秘鲁汉学家

国别化基础汉语系列教材

新思维

第2版
2ª edición

NUEVA DIDÁCTICA DE LA LENGUA CHINA
PARA HISPANOHABLANTES

汉语 2

李 艾 编著

北京语言大学出版社
BEIJING LANGUAGE AND CULTURE
UNIVERSITY PRESS

图书在版编目（CIP）数据

新思维汉语．2 / 李艾编著．-- 2 版．-- 北京 ：北京语言大学出版社，2022.8（2023.10重印）
ISBN 978-7-5619-6031-8

Ⅰ．①新… Ⅱ．①李… Ⅲ．①汉语－对外汉语教学－教材 Ⅳ．① H195.4

中国版本图书馆 CIP 数据核字 (2022) 第 120567 号

新思维汉语（第 2 版）2
XIN SIWEI HANYU (DI 2 BAN) 2

排版制作：北京青侣文化创意设计有限公司
责任印制：邝　天

出版发行：北京语言大学出版社
社　　址：北京市海淀区学院路 15 号，100083
网　　址：www.blcup.com
电子信箱：service@blcup.com
电　　话：编 辑 部　8610-82303647/3592/3724
国内发行　8610-82303650/3591/3648
海外发行　8610-82303365/3080/3668
北语书店　8610-82303653
网购咨询　8610-82303908
印　　刷：北京鑫丰华彩印有限公司

版　　次：2022 年 8 月第 2 版　　印　　次：2023 年 10 月第 3 次印刷
开　　本：889 毫米 × 1194 毫米　1/16　　印　　张：课本 16.5 / 练习活页 4.25
字　　数：273 千字
08800

PRINTED IN CHINA

前 言

《新思维汉语》（第 1 版）已经出版十多年了，这是一套专门供母语是西班牙语的学生（中学、大学本科及在职自学者）学习汉语使用的综合课教材。教材以学生为中心，以教、学互动为指导思想，注重汉西对比，深层次地突出学生学习过程中的重点、难点，按照由浅入深、循序渐进的原则，从听、说、读、写、译五个方面全方位展开编写。

《新思维汉语》（第 1 版）在西班牙语地区广泛使用，由于课文短小精悍、涉猎广泛、贴近学习者的生活而深受喜爱，是一套比较实用、好用的教材。

为了满足母语为西班牙语的广大学习者的学习需求，从 2016 年下半年开始，编者对教材进行了修订。

对于以西班牙语为母语的学生来说，学习汉语不同于他们学习西方其他语言，如英语、法语或意大利语那样容易，因为这几种语言相通之处甚多，有一通百通之便。而汉语的语音、词汇、语法、汉字、句型的类别、语言表达的思维方式、对外来语言的接受方式等等，都与西班牙语相差甚远。因此，对西班牙语背景的学生进行的汉语教学必须改变传统的单向教授模式。只有从教与学两个方面同时采用新的思维方式，并尽可能使这两种新的思维聚焦，才能让学生克服“汉语难学”的思想障碍，取得事半功倍的教学效果。

教材从策划、编写、修改到定稿都遵循了上述指导思想，力求做到既吸收已经出版的各种同类教材的优点，又充分考虑以西班牙语为母语的学生在学习汉语过程中的重点、难点，注重从教与学两个方面进行编排，注重教与学的互动和统一。同时强调在教学中使用多媒体技术、新媒体手段，使学习过程更加真实、有趣。

为了使教材内容更加科学、实用，编者采用了边编、边教、边改的方法。教材初稿曾经在西班牙和古巴的一些高等院校和汉语教学机构中试用。试用过程中，学生提出的许多困惑、建议和要求，都给了编者很大的启发。例如，教材专门设立了“汉西对比”这一特殊项目，将汉语和西班牙语的不同点，同时也是学生不易理解或容易出错的地方列出，作为学习重点。这一设计在教学和学习中收到了良好效果。

具体来说，教材主要体现了以下特点：

1. 话题广泛

教材最大限度地选择日常生活中可能碰到的场景，使学生在不同场景中学习和掌握丰富的词汇和汉语表达方式。

2. 言语功能多样化

课文会话生动有趣，具有多样化的语言功能，具体包含意愿的表达，提出建议、要求、命令，表示拒绝、赞同、反对，表示惊叹、遗憾、怀疑、犹豫、劝告、道歉等，具有较强的实用性。

3. 注重言语交际中的文化因素

现代生活中的人们比任何时候都需要社会交际。教材将中国文化的内容揉在对话中，以提高学习者交谈的文化档次，使他们在不同场合、面对不同对象时，能够进行得体的交际活动。此外，非言语交际的文化差异，本教材中也有所体现。

4. 注重汉字教学

按照汉字自身的规律，汉字部分突出部件教学的功能，改变“文从语”的生硬教法，让学生自主轻松地学习汉字。教材从汉字的基本笔画、笔顺、构字方式及书写规则等几方面进行编写，让组字能力强的字先出现，并注意采用集中识字和对比识字的方式，坚持汉字展示为主、拼音展示为辅的原则，培养学生的汉字认读、书写能力。

5. 创新语法教学方式

考虑到国际上学习汉语的人多为成年人，他们一般都拥有很好的教育背景、理解力与自学能力，教材关于汉语语法的讲解尝试采用演绎法，先给学生整体的、系统的、一目了然的语法概念，然后化整为零、由浅入深地讲解，并通过大量练习帮助消化。同时，语法点在后面的课文中不断滚动重现。对于逻辑思维清晰、学习目的明确的成人学习者来说，这种设计有利于培养他们的转换生成能力。

《新思维汉语》（第 2 版）由原来的三册变为四册，每册 12 课。考虑到海外部分地区汉语教师稀缺、无法集体备课、无人请教，以及非西班牙语专业的汉语教师西班牙语水平相对有限的现状，新版教材相对完整地保留了语音、语法、汉西对比部分的西班牙文注释。

《新思维汉语》（第 2 版）增加了舌位图；增加了内容广泛的汉西对照阅读；修改了多课课文；删除了一些超纲词，添加了与时俱进的新词语；增加了应用文写作和范文展示；练习也做了适当的调整，既强调机械性练习，同时也注意到交际型、任务型练习的分层次呈现。此外，每册教材都配上了练习活页。

相信《新思维汉语》（第 2 版）的出版一定能为推动西班牙语地区的汉语教学发展再立新功。

《新思维汉语》（第 1 版）从开始编写就广泛征求了众多中外学者的意见，并得到了他们真诚的指教和修改。在《新思维汉语》（第 2 版）出版之际再次向他们表示深深的谢意。

中国的专家学者有陆俭明、程棠、鲁健骥、任远、金亭亭、董燕生、岑楚兰、刘健等。

国外的专家学者有西班牙汉学家毕隐崖（Iñaki Preciado）、古巴的玛丽娅·莱格拉·佩拉萨（María Regla Pereza）、中国国际广播电台西班牙语专家胡里奥·河书（Xulio Ríos）、西班牙西班牙语专家伊莎贝尔·德拉·福恩特·科瓦斯（Isabel de la Fuente Cobas）、秘鲁著名汉学家吉列莫·达尼诺（Quillermo Dañino）等。

还要感谢我的西班牙、智利、墨西哥、古巴、阿根廷、厄瓜多尔、乌拉圭、秘鲁等国的学生，他们在整个编写过程中作为第一读者和我时时沟通。另外，还要感谢采光先生、李捷女士、崔燕女士、刘莹女士等在西班牙语方面对我的帮助和支持以及北京语言大学教授陈霞博士在民歌方面提供的支持。

李艾
于北京语言大学

Prólogo

Han pasado más de 10 años desde que se publicó «Nueva didáctica de la lengua china para hispanohablantes» (1ª edición). Es un conjunto completo de manuales diseñados para que los estudiantes de secundaria, de grado o audidactos cuya lengua materna es el español aprendan chino. El manual está centrado en el alumno y guiado por la interacción entre la enseñanza y el aprendizaje, centrándose en el contraste entre el chino y el español, destacando los puntos clave y las dificultades en el proceso de aprendizaje, y siguiendo el principio de desarrollo progresivo de lo superficial a lo profundo y al mismo tiempo se redacta basándose en las cinco áreas principales del aprendizaje de un idioma: escuchar, hablar, leer, escribir y traducir.

«Nueva didáctica de la lengua china para hispanohablantes» (1ª edición) se usa mucho en las regiones de habla hispana y es un libro de texto relativamente práctico y útil, bien acogido por los alumnos por los textos breves, concisos y extensos, cercanos a su vida cotidiana.

Con el fin de satisfacer las necesidades de aprendizaje de una amplia gama de estudiantes hispanohablantes, la autora empezó a revisar este manual a partir de la segunda mitad de 2016.

Para los hispanohablantes, aprender la lengua china no es tan fácil como aprender otros idiomas occidentales como el inglés, el francés o el italiano, ya que estos últimos son similares al español. Por su parte, el chino es un idioma muy diferente tanto en la fonética como en sus letras y caracteres, la gramática, la constitución de las palabras, la mentalidad de sus expresiones y la forma de asimilar los modismos extranjeros. Por esta razón, es necesario cambiar el unidireccional modelo tradicional de impartir clases cuando los alumnos son hispanohablantes. Solo cuando el aprendizaje y la enseñanza comparten al unísono una nueva mentalidad y se combinan ambas partes, se superará el obstáculo psicológico de que "el chino es difícil", de modo que pueda lograrse un resultado satisfactorio en la enseñanza.

Este manual observa este principio guía en su diseño, redacción, corrección y revisión, procurando asimilar los factores positivos de otros manuales del mismo tipo y al mismo tiempo tomar en cuenta en mayor grado los puntos clave y las dificultades de los alumnos hispanohablantes en el proceso de aprendizaje del chino. Además, otorga mucha importancia a la enseñanza y el aprendizaje y a la coordinación mutua de ambas lenguas. También debe resaltarse el uso de la nueva tecnología multimedia para que el proceso del aprendizaje sea más práctico y divertido.

La autora recurre al método de "redacción-enseñanza-corrección" para que el manual resulte más práctico. El borrador del manual se aplicó en fase experimental en algunas universidades, centros docentes e instituciones de España y Cuba, donde los alumnos dieron cuenta de las dificultades y formularon sugerencias valiosas, lo que inspiró a la autora. Una de las sugerencias de valor consiste en el diseño particular de un sistema comparativo entre la lengua china y la española, donde se exponen los puntos de divergencias entre ambas lenguas, subrayando las dificultades con las que suelen tropezar los alumnos hispanohablantes. Este diseño ha funcionado muy bien tanto en la enseñanza como en el aprendizaje.

Concretamente, este manual tiene las siguientes características:

1. Amplios temas de conversación

El manual ha elegido situaciones en las que los estudiantes suelen encontrarse en la vida cotidiana. Así, el alumno llegará a dominar un vocabulario amplio y expresiones idiomáticas propias del chino.

2. Diversas funciones del lenguaje

Los textos son vivos e interesantes con una variedad de funciones lingüísticas, como expresar deseos, hacer sugerencias y peticiones, dar órdenes; cómo rehusar, aprobar, oponerse, cómo expresar admiración, lástima, duda, vacilación, cómo dar un consejo o cómo disculparse. Todas estas expresiones son de carácter práctico.

3. Centrarse en los factores culturales de la comunicación verbal

En la vida moderna, las personas necesitan más que nunca la interacción social. El manual introduce la cultura china en las conversaciones con el fin de elevar el nivel cultural de las conversaciones de los alumnos y permitirles realizar actividades comunicativas adecuadas en diferentes situaciones y ante diferentes interlocutores. Además, las diferencias culturales en la comunicación no verbal también se reflejan en este manual.

4. Potenciar la enseñanza de los caracteres chinos

De acuerdo con las reglas de los caracteres chinos, la sección de caracteres chinos destaca la función de la enseñanza por componentes, cambiando el rígido método de enseñanza de que "los caracteres van detrás de la expresión oral" y permitiendo a los alumnos aprender los caracteres chinos de forma independiente y fácil. El manual se redacta teniendo en cuenta los trazos básicos, la secuencia de los trazos, la formación de palabras y las reglas de escritura, de modo que los caracteres con gran capacidad de formación de palabras aparecen primero, y se presta atención al uso de aprender los caracteres chinos de forma masiva y comparativa. En el manual se ha seguido el principio de "lo primero el carácter chino, con el pinyin como ayuda" para que los alumnos desarrollen las habilidades de reconocer y escribir caracteres chinos.

5. Nuevo método de enseñanza de la gramática

El manual recurre al método deductivo en este aspecto, o sea, primero proporciona a los alumnos un concepto gramatical general, luego les explica uno por uno sus atributos según el principio de lo fácil a lo difícil y al mismo tiempo con la ayuda de ejercicios se facilita el entendimiento del punto gramatical relacionado. Ello en consideración a que la mayoría de los alumnos que aprenden el chino son adultos y que ya cuentan con un nivel educativo específico y la capacidad de comprensión correspondiente. Para los alumnos adultos que piensan de forma lógica y tienen un propósito claro de aprendizaje, este diseño facilita el desarrollo de habilidades generativas transformadoras.

«Nueva didáctica de la lengua china para hispanohablantes» (2ª edición) pasa de tres a cuatro tomos, cada uno contiene 12 lecciones. Considerando la situación actual caracterizada por la escasez de profesores de chino en algunas regiones fuera de China, la falta de acceso a la preparación colectiva de clases y los conocimientos relativamente limitados de español de algunos profesores de chino, la nueva edición conserva explicaciones relativamente completas en español en las secciones de fonética, gramática y comparaciones chino-español.

En la «Nueva didáctica de la lengua china para hispanohablantes» (2ª edición) hay varias modificaciones: se ha añadido el diagrama de la posición articulatoria de la lengua y lectura chino-español con diversos temas; se han revisado muchos textos; se han suprimido algunas palabras fuera del nivel y se han añadido otras de moda; también se ha añadido la sección de escritura práctica y el modelo de redacción; la parte de los ejercicios también está revisadas combinando ejercicios mecánicos y comunicativos y basados en tareas. Además, cada manual va acompañado de hojas de trabajo.

Creemos que la publicación de la «Nueva didáctica de la lengua china para hispanohablantes» (2ª edición) será un nuevo éxito en la promoción de la enseñanza de chino en las regiones de habla hispana.

Desde la redacción de la primera edición la autora ha consultado con muchos académicos chinos y extranjeros y ha recibido su sincera orientación y revisión. Aprovechando la publicación de la segunda edición, querría volver a agradecerles.

Entre ellos, a Lu Jianming, Cheng Tang, Lu Jiangji, Ren Yuan, Jin Tingting, Dong Yansheng, Cen Chulan y Liu Jian y a otros expertos chinos. Al sinólogo español Iñaki Preciado, a la catedrática cubana María Regla Peraza, al experto de CRI Xulio Ríos, a la hispanista española Isabel de la Fuente Cobas, y al sinólogo peruano Quillermo Dañino.

Me gustaría expresar mi sincero agradecimiento a mis alumnos de España, Chile, México, Cuba, Argentina, Ecuador, Uruguay y Perú. Son ellos quienes me ayudan constantemente y son mis primeros lectores. Además, también me gustaría agradecer a Cai Guang, Li Jie, Cui Yan y Liu Ying por su apoyo y ayuda en español y a la doctora Chen Xia, catedrática de la Universidad de Lengua y Cultura de Beijing, por su apoyo en las canciones populares.

Li Ai

En la Universidad de Lengua y Cultura de Beijing

编写说明

《新思维汉语》是编者在西班牙和古巴工作期间边编、边教、边改的实用性教材，在编写过程中，广泛征求了西班牙、墨西哥、古巴等国的一些大学校长、汉语系主任和中外任课教师的意见，并在多所大学试用。这套教材特点鲜明、实用易学，既适用于课堂教学，也适用于自学，因此可供以西班牙语为母语的汉语学习者及对汉语感兴趣的人使用。

《新思维汉语》（第2版）在修订过程中，按照教育部中外语言交流合作中心编写的《国际中文教育中文水平等级标准》做了适当修改和调整，比较注重教与学的统一，尽可能考虑教授对象学习汉语的接受方式，力求有的放矢，以增强教与学的效果。基于这种思路，本教材具有以下特点：

一、汉西对比

教材中每课都有一个专门的栏目“汉西对比”，从语音、语法、惯用语、文化、习俗等方面比较汉语与西班牙语的异同，突出西班牙语母语者在学习汉语过程中的难点。对学生容易出错的地方，教师要精讲多练，而汉西相通部分则可以一带而过。

二、语音教学

语音教学贯穿始终，强调在实际对话中纠正发音。初级阶段就出现成语、谚语、常用俗语和古典诗词及其拼音，教师要让学生反复练习，不要求记忆，也不必讲解。听得多了，念得多了，自然会产生语感，为日后的学习做铺垫。练习部分则以实用词汇为主体，提高常用词的重现率。

三、汉字教学

汉字部分突出部件教学的功能，基本上每课学习1～2个偏旁，采用集中识字和对比识字的方式，从汉字的基本笔画、笔顺、构字方式及书写规则等几方面展开，让组字能力强的字先出现，并坚持汉字展示为主、拼音展示为辅的原则，逐步减少学生对汉语拼音的依赖。教师应在第六课结束之前就教给学生查字典及词典的方法，以培养学生自学的能力。

四、词汇教学

词汇注重构词法的讲解，培养学生自主生成新词语的能力。教材有意让结构相似、语义相近的词语成串出现，分门别类地排列，便于学生集中记忆和查找。

五、课文设计

为适应不同汉语水平学习者的学习需求，根据国外每周 4 课时、6 课时或 8 课时的教学安排，教材每课内容要比国内教材多，词汇也更加丰富，并含有某些超纲词。这种弹性编排法能给学生较大的自学空间，课后每个人可根据自己的实际水平自主学习，不管程度高低都能各取所需。教材最大限度地选择日常生活中可能碰到的场景，使学生在不同场景和时间内学习、掌握丰富的汉语词汇和表达方式。

此外，教材还有一些灵活的设计，如第一册的第十课《他是谁——一对分手恋人的对话》，第二册的第七课《生日快乐》、第十课《你说对了》，这些课文按小品设计，内容生动活泼，教师可组织学生背诵和表演，既能活跃课堂气氛，又实现了师生互动。

六、语法教学突出演绎法

语法教学采用演绎法，先给学生一个完整的概念，再详细地分阶段讲解，这比较符合成年人的思维方式。课文内容基本是围绕语法点来编写的，同一语法点的例句在课文中反复出现，这样设计便于教师讲解，也便于学生记忆。

语法点的编排既注重由浅入深地呈现，也比较重视外国人的思维方式和需求，个别语法点是学生在初始阶段常常问到的，就提前设置了。由于西班牙语的问号和感叹号比较特殊，编者特意安排出现在题目中，比较醒目，以引起学习者注意。

请看下面的课文：

蓝蓝的天上飘着白云，绿绿的田野上开着黄花。远处有一座小楼，那是我的家。在楼下，我看见家里的窗子开着。我知道家里有人。我上楼，看见爸爸正坐着看报，妈妈正做饭呢，弟弟在听音乐，妹妹正在画画儿，爷爷在浇花，奶奶织毛衣呢。

风吹着，门开着，空气好极了。阳光照着大地。从阳台上我看见：院子里的草坪上趴着两只小狗，一只瞪着眼睛，一只翘着尾巴，好玩儿极了。

“着”字重现了10次之多，较好地展示了“着”的语法意义，学生也得到了充分练习。“爸爸正坐着看报，妈妈正做饭呢，弟弟在听音乐，妹妹正在画画儿，爷爷在浇花，奶奶织毛衣呢。”一句囊括了汉语中表示动作正在进行的所有句式。学生只要学会这句话，就能掌握汉语中表示动作正在进行的表达方式。

七、练习

练习的设计灵活多样，力求每课各有特点，让学生熟悉各类题型。教材安排了听、说、读、写、译全方位、立体式操练，以利于教师检验课堂教学效果。

通过第一、二册的学习，学生可以逐步掌握汉语的语音知识，了解汉语语音音变的规律，掌握汉语最常用的句型，形成初步的成段表达能力。学完第三册，学生能初步了解中国的文化，进行各种社交活动，基本能听懂有关中国的话题，并能用较得体的汉语介绍自己国家的风土人情和文化景观。学完第四册，学生能借助词典阅读各自的专业书籍。

愿所有学习者在轻松快乐中不断进步！

Acerca de este manual

«Nueva didáctica de la lengua china para hispanohablantes» se ha elaborado de acuerdo con las experiencias prácticas de enseñanza de la autora durante varios años en España y Cuba, con el método de "redacción – enseñanza – corrección" y teniendo en cuenta los comentarios y sugerencias de rectores universitarios, decanos, profesores chinos e hispanohablantes de países como España, México y Cuba. Antes de su publicación, se ha probado en diversas universidades. Este manual es práctico y fácil de usar, adecuado tanto para la enseñanza de las clases como para el autoaprendizaje, por lo que se trata de un manual útil para los alumnos de chino cuya lengua materna es español y los interesados en aprender el idioma chino.

En el proceso de revisión de este manual (2ª edición), se han realizado las modificaciones y ajustes oportunos de acuerdo con las «Normas de calificación de la competencia en chino para la enseñanza internacional de la lengua china» emitidas por el Centro de Educación y Cooperación Lingüística de China, haciendo más hincapié en la unidad de la enseñanza y el aprendizaje, teniendo en cuenta, en mayor medida, la forma receptiva de aprender chino de aquellos a los que se les enseña, y esforzándose por estar orientados a mejorar la eficacia de la enseñanza y el aprendizaje. Basándose en este principio, las características propias de este manual son:

1. Comparación entre la lengua china y la española

En cada una de las lecciones hay una sección especializada titulada «Comparación chino-español», donde se comparan la lengua china y la española en fonética, gramática, frases usuales, cultura y costumbres destacando los puntos de coincidencia y divergencia y señalando las dificultades con que suelen tropezar los estudiantes hispanohablantes durante su aprendizaje. Los profesores deben concentrarse en las áreas en las que los alumnos son propensos a cometer errores, mientras que las partes comunes de ambas lenguas pueden verse más superficialmente.

2. La enseñanza de la fonética

La fonética se enseña en todo momento, haciendo hincapié en la corrección de la pronunciación en conversaciones prácticas. Las expresiones idiomáticas, los proverbios, los refranes comunes y los poemas clásicos y el pinyin aparecen en el nivel elemental, lo que permite a los alumnos practicarlos repetidamente sin necesidad de memorizarlos o explicarlos. Escuchar y recitar más creará naturalmente el sentido del lenguaje y se preparará para el aprendizaje futuro. La sección de ejercicios se centra en vocabulario práctico y se presta atención a la reaparición de las palabras más utilizadas.

3. La enseñanza de los caracteres chinos

Se tiene muy presente la enseñanza de los componentes de los caracteres chinos. En cada lección se enseñan uno o dos radicales, de forma masiva y comparativa. El manual se redacta teniendo en cuenta los trazos básicos, la secuencia de los trazos, la formación de palabras y las reglas de escritura, de modo que los caracteres con gran capacidad de formación de palabras aparecen primero y se ha seguido el principio de "lo primero el carácter chino, con el pinyin como ayuda" para que los alumnos dependan cada vez menos de la ayuda del pinyin. Es aconsejable que los profesores les enseñen a los alumnos la manera de consultar el diccionario antes de terminar explicando la lección 6 para aumentar su autonomía.

4. La enseñanza del vocabulario

El vocabulario se organiza haciendo hincapié en la formación de palabras y en el desarrollo de la capacidad de los alumnos para generar nuevas palabras por sí mismos. El manual sitúa intencionadamente las palabras con estructuras y significados semánticos similares juntas, ordenadas en categorías, lo que facilita enfocarlas y encontrarlas a los estudiantes.

5. El diseño de los textos

Los textos se diseñan con un extenso contenido y un vocabulario numeroso y rico para satisfacer las necesidades de los estudiantes del chino de diferentes niveles y teniendo en cuenta que en los países hispanohablantes se dan 4, 6 u 8 clases del chino semanales. Este enfoque flexible del diseño del manual da a los estudiantes más posibilidades de autoaprendizaje, y cada uno puede estudiar de forma independiente después de las clases según su nivel real, de modo que puede tomar lo que necesite independientemente de su nivel. El manual maximiza la elección de las situaciones que los estudiantes pueden encontrarse en la vida cotidiana, de modo que puedan aprender y dominar una gran cantidad de vocabulario y expresiones chinas en diferentes circunstancias y momentos. Además, el manual cuenta con algunos diseños flexibles, como la lección 10 «¿Quién es él? Diálogo entre una pareja de amantes separados» del primer tomo, la lección 10 «Acertaste» y la lección 7 «Feliz cumpleaños» del segundo tomo. Estos textos están diseñados según bocetos con un contenido vivo, y los profesores pueden organizar a los alumnos para que los reciten y los representen, lo que no sólo anima el ambiente del aula, sino que también permite la interacción entre el profesor y los alumnos.

6. La enseñanza de la gramática recurre al método deductivo

La explicación gramatical se adapta al método deductivo, a saber, primero ofrecer a los alumnos una concepción general, luego explicarles cada uno de los aspectos. Este método será más aceptable para el interés de los adultos. Por su contenido, la mayoría de los textos está bien combinada con los puntos gramaticales y un nuevo fenómeno gramatical aparece en ocasiones repetidas, lo que facilita la explicación del profesor y la memorización de los alumnos.

Los puntos gramaticales están organizados de manera que se presenten de lo más superficial a lo más profundo, pero también se presta más atención a la forma de pensar y a las necesidades de los hispanohablantes. Algunos puntos gramaticales se presentan con antelación, ya que suelen ser preguntados por los estudiantes en las etapas iniciales. Como los signos interrogativos y exclamativos aparecen en pareja en español, distintos de los del chino, la autora ha dispuesto intencionadamente que estos aparezcan de forma más destacada en el título para llamar la atención de los alumnos.

Lea el siguiente texto:

蓝蓝的天上飘着白云，绿绿的田野上开着黄花。远处有一座小楼，那是我的家。在楼下，我看见家里的窗子开着。我知道家里有人。我上楼，看见爸爸正坐着看报，妈妈正做饭呢。弟弟在听音乐，妹妹正在画画儿，爷爷在浇花，奶奶织毛衣呢。

风吹着，门开着，空气好极了。阳光照着大地。从阳台上我看见：院子里的草坪上趴着两只小狗，一只瞪着眼睛，一只翘着尾巴，好玩儿极了。

La palabra "着", un fenómeno gramatical, se repite hasta 10 veces, de manera que demuestra mejor su significado gramatical y les da a los alumnos suficiente ejemplo práctico.

La oración "爸爸正坐着看报，妈妈正做饭呢，弟弟在听音乐，妹妹正在画画儿，爷爷在浇花，奶奶织毛衣呢。" abarca todos los modelos que expresan las acciones en desarrollo en chino. Al aprenderla, los alumnos pueden dominar todos los modelos del estilo.

7. Ejercicios

En cuanto a los ejercicios, el manual procura emplear formas flexibles y diversas. Cada lección tiene su propia peculiaridad, la que abarca las formas y prácticas de audición, habla, lectura, escritura y traducción permitiendo a los profesores comprobar la eficacia de la enseñanza en el aula.

El manual consta de cuatro tomos, los alumnos que hayan terminado de estudiar los dos primeros podrán adquirir el dominio de la fonética básica de la lengua china y conocer las normas fundamentales de sus variaciones fonéticas; dominar los modelos básicos de oraciones, realizar diálogos cotidianos sencillos y tener la capacidad inicial de expresar una idea. Al terminar de estudiar el tercer tomo, tendrán un conocimiento básico sobre la cultura china, entenderán temas referentes a China y tendrán capacidad de comunicarse en chino en actividades sociales, así como presentar adecuadamente en idioma chino las características de su propio país, su cultura y costumbres. Al concluir el cuarto tomo, los alumnos podrán leer libros de sus especialidades consultando el diccionario.

¡Que todos los alumnos progresen con facilidad y alegría!

词类简称表
Abreviaturas de las categorías gramaticales

1	名	名词	míngcí	Sustantivo
2	专名	专有名词	zhuānyǒu míngcí	Nombre propio
3	代	代词	dàicí	Pronombre
4	动	动词	dòngcí	Verbo
5	助动	助动词	zhùdòngcí	Verbo auxiliar
6	形	形容词	xíngróngcí	Adjetivo
7	数	数词	shùcí	Numeral
8	量	量词	liàngcí	Clasificador
9	副	副词	fùcí	Adverbio
10	介	介词	jiècí	Preposición
11	连	连词	liáncí	Conjunción
12	助	动态助词	dòngtài zhùcí	Partícula aspectual
		结构助词	jiégòu zhùcí	Partícula introductora de adverbio y adjetivo de sustantivación
		语气助词	yǔqì zhùcí	Partícula modal
13	叹	叹词	tàncí	Interjección
14	拟声	拟声词	nǐshēngcí	Onomatopeya
15	头	词头	cítóu	Prefijo
16	尾	词尾	cíwěi	Sufijo

课堂用语
Expresiones de clase

起立!	Qǐlì!	¡Levántense!
同学们好!	Tóngxuémen hǎo!	¡Buenos días, alumnos!
老师好!	Lǎoshī hǎo!	¡Buenos días, profesor / profesora!
请坐!	Qǐng zuò!	¡Siéntese, por favor!
现在上课!	Xiànzài shàngkè!	¡Ahora empezamos la clase!
现在下课!	Xiànzài xiàkè!	¡Ahora la clase ha terminado!
听我念。	Tīng wǒ niàn.	Escuchen lo que voy a leer.
跟我说。	Gēn wǒ shuō.	Repitan lo que voy a decir.
懂了吗?	Dǒng le ma?	¿Lo comprende?
对不对?	Duì bu duì?	¿Correcto?
难不难?	Nán bu nán?	¿Es difícil?
再来一遍。	Zài lái yí biàn.	Vuelva a hacerlo.
请你大声念。	Qǐng nǐ dà shēng niàn.	En voz alta, por favor.
现在我们听写。	Xiànzài wǒmen tīngxiě.	Ahora vamos a hacer un dictado.
我问，你们回答。	Wǒ wèn, nǐmen huídá.	Conteste por favor.
还有问题吗?	Hái yǒu wèntí ma?	¿Hay más preguntas?
汉译西。	Hàn yì Xī.	Traduzca al español las siguientes oraciones.
西译汉。	Xī yì Hàn.	Traduzca al chino las siguientes oraciones.
查字典注拼音。	Chá zìdiǎn zhù pīnyīn.	Consulte el diccionario y escriba el pinyin.

目 录 ÍNDICE

第一课 你在哪儿？

Lección 1 ¿Dónde estás?

关键句 Frases clave 01-1

Wǒ zài Běijīng Xīzhàn Nánguǎngchǎngdōng.

❶ 我在北京西站南广场东。

Wǒ dào Běijīng Xīzhàn Běiguǎngchǎng le.

❷ 我到北京西站北广场了。

Tāmen bú zàijiā, qù Bālí le.

❸ 他们不在家，去巴黎了。

Dì-sān nián wǒmen yìqǐ qùle Fóluólúnsà, zhù zài xuéshēng gōngyù li.

❹ 第三年我们一起去了佛罗伦萨，住在学生公寓里。

一、课文 Texto

Nǐ zài nǎr?

你在哪儿？ 01-2

Jiějie: Xiǎo mèi, nǐ xiànzài zài nǎr?
姐姐：小妹，你现在在哪儿？

Mèimei: Jiě, wǒ zài Běijīng Xīzhàn Nánguǎngchǎngdōng.
妹妹：姐，我在北京西站南广场东。

Jiějie: Shénme? Nǐ zài nǎr?
姐姐：什么？你在哪儿？

Mèimei: Wǒ zài Běijīng Xīzhàn Nánguǎngchǎngdōng.
妹妹：我在北京西站南广场东。

Jiějie: Xiǎo mèi, wǒ dào Běijīng Xīzhàn Běiguǎngchǎng le. Nǐ bié dòng, wǒ mǎshàng jiù dào!
姐姐：小妹，我到北京西站北广场了。你别动，我马上就到！

(10 fēnzhōng hòu)
（10 分钟后）

Jiějie: Xiǎo mèi, nǐ zài nǎr ne? Xiànzài wǒ yǐjīng zài Nánguǎngchǎng dōngbian le.
姐姐：小妹，你在哪儿呢？现在我已经在南广场东边了。

Mèimei: Wǒ zài jiāyóuzhàn ne. (Kànjiàn jiějie gāo hǎn) Jiějie, jiějie!
妹妹：我在加油站呢。（看见姐姐高喊）姐姐，姐姐！

(Liǎng rén dǎdī huí jiā)
（两人打的回家）

Mèimei: Zán bà zán mā hǎo ma? Tāmen zàijiā ma?
妹妹：咱爸咱妈好吗？他们在家吗？

Jiějie: Tāmen dōu hěn hǎo. Tāmen bú zàijiā, qù Bālí le.
姐姐：他们都很好。他们不在家，去巴黎了。

Mèimei: Jiě, gūgu hái zài Shànghǎi ma?
妹妹：姐，姑姑还在上海吗？

Jiějie: Tā bú zài Shànghǎi le, tā xiànzài zài Tiānjīn.
姐姐：她不在上海了，她现在在天津。

Mèimei: Nà shūshu quán jiā ne? Dōu hǎo ba?
妹妹：那叔叔全家呢？都好吧？

Jiějie: Dōu hěn hǎo. Tāmen xiànzài dōu zài Xī'ān. Zhèxiē nián, nǐ gàn shénme la?
姐姐：都很好。他们现在都在西安。这些年，你干什么啦？

Mèimei: Dì-yī nián wǒ zhùzài Wēinísī, zài nàlǐ wǒ rènshile Láo'ěr. Tā shì Zhìlìrén, tā jiā zài Shèngdìyàgē. Dì-èr nián wǒ qùle Mǐlán, wǒ zhù zài Luóshā fùmǔ de jiā li. Luóshā shì wǒ dàxué tóngxué de nǚpéngyou. Dì-sān nián wǒmen yìqǐ qùle Fóluólúnsà, zhù zài xuéshēng gōngyù li. Wǒmen yìqǐ xuéxí měishù, dàochù huà huàr. Zuìhòu yì nián, wǒmen qùle hěn duō dìfang lǚxíng, zài Bǐsà Xiétǎ xià zhàoxiàng, zài Luómǎ de dòushòuchǎng wài liúyǐng. Wǒmen hái qùle Pángbèi Gǔchéng、Nàbùlèsī、Wéisūwēi Huǒshān hé Shǎonǚ Quán, dànshì wǒmen méi qù Xīxīlǐ Dǎo.
妹妹：第一年我住在威尼斯，在那里我认识了劳尔。他是智利人，他家在圣地亚哥。第二年我去了米兰，我住在罗莎父母的家里。罗莎是我大学同学的女朋友。第三年我们一起去了佛罗伦萨，住在学生公寓里。我们一起学习美术，到处画画儿。最后一年，我们去了很多地方旅行，在比萨斜塔下照相，在罗马的斗兽场外留影。我们还去了庞贝古城、那不勒斯、维苏威火山和少女泉，但是我们没去西西里岛。

Jiějie: Qiáoqiao! Dàochù wánr, dàochù kàn. Xiànzài nǐ huí guó le, xiǎng qù nǎr gōngzuò ne?
姐姐：瞧瞧！到处玩儿，到处看。现在你回国了，想去哪儿工作呢？

Mèimei: Wǒ xiǎng qù diànshìtái gōngzuò. Jiě, nǐ hái zài yóuyǒngguǎn gōngzuò ma?
妹妹：我想去电视台工作。姐，你还在游泳馆工作吗？

Jiějie: Wǒ zǎo jiù bú zài yóuyǒngguǎn gōngzuò le. Wǒ xiànzài zài túshūguǎn gōngzuò.
姐姐：我早就不在游泳馆工作了。我现在在图书馆工作。

Mèimei: Nà jiěfu ne? Tā hái zài huǒchēzhàn gōngzuò ma?
妹妹：那姐夫呢？他还在火车站工作吗？

Jiějie: Tā dào fēijīchǎng gōngzuò dōu yì nián bàn le. Háishi shuōshuo nǐ zài Yìdàlì de nàxiē péngyou ba!
姐姐：他到飞机场工作都一年半了。还是说说你在意大利的那些朋友吧！

Mèimei: Nǐ shì shuō Láo'ěr hé Luóshā tāmen ma?
妹妹：你是说劳尔和罗莎他们吗？

Jiějie: Nǐ zhīdào tāmen de bàba māma dōu zài nǎr gōngzuò ma?
姐姐：你知道他们的爸爸妈妈都在哪儿工作吗？

Mèimei: Dāngrán zhīdào, wǒmen shì hǎo péngyou. Láo'ěr de bàba zài yínháng gōngzuò, māma zài dàxué gōngzuò. Luóshā de bàba zài shāngdiàn gōngzuò, tā māma shì hùshi, zài yīyuàn gōngzuò.
妹妹：当然知道，我们是好朋友。劳尔的爸爸在银行工作，妈妈在大学工作。罗莎的爸爸在商店工作，她妈妈是护士，在医院工作。

Shòupiàoyuán: Qián Mén dào le! Qián Mén dào le! Qǐng dàjiā cóng hòuménr xià chē!
售票员：前门到了！前门到了！请大家从后门儿下车！

Jiějie: Xià chē! Xià chē! Wǒmen dào jiā le.
姐姐：下车！下车！我们到家了。

生词 Vocabulario 01-3

1. 在	（动）	zài	estar
2. 哪儿	（疑问代词）	nǎr	dónde
3. 西	（名）	xī	oeste
4. 南	（名）	nán	sur
5. 广场	（名）	guǎngchǎng	plaza
6. 东	（名）	dōng	este
7. 北	（名）	běi	norte
8. 马上	（副）	mǎshàng	ahora mismo
9. 就	（副）	jiù	simplemente
10. 加油站	（名）	jiāyóuzhàn	gasolinera
11. 看见		kàn//jiàn	ver
12. 两	（数）	liǎng	dos
13. 姑姑	（名）	gūgu	tía (hermana del padre)
14. 叔叔	（名）	shūshu	tío (hermano menor del padre)
15. 那里	（代）	nàlǐ	ahí, allí, allá
16. 公寓	（名）	gōngyù	bloque de viviendas
17. 美术	（名）	měishù	bellas artes
18. 到处	（副）	dàochù	por todas partes
19. 画	（动）	huà	dibujar
20. 多	（形）	duō	mucho
21. 地方	（名）	dìfang	lugar

22.	照相		zhào//xiàng	tomar foto; fotografiar
23.	留影		liú//yǐng	tomar foto; fotografiar
24.	少女	（名）	shàonǚ	muchacha, chica
25.	工作	（动）	gōngzuò	trabajo
26.	电视台	（名）	diànshìtái	Televisión
27.	游泳馆	（名）	yóuyǒngguǎn	piscina
28.	图书馆	（名）	túshūguǎn	biblioteca
29.	火车站	（名）	huǒchēzhàn	estación de tren
	火车	（名）	huǒchē	tren
30.	飞机场	（名）	fēijīchǎng	aeropuerto
	飞机	（名）	fēijī	avión
31.	知道	（动）	zhīdào	saber
32.	商店	（名）	shāngdiàn	tienda
33.	医院	（名）	yīyuàn	hospital

专名 Nombre propio

1.	巴黎	Bālí	París
2.	上海	Shànghǎi	Shanghai
3.	天津	Tiānjīn	Tianjin
4.	西安	Xī'ān	Xi'an
5.	威尼斯	Wēinísī	Venecia
6.	米兰	Mǐlán	Milán
7.	佛罗伦萨	Fóluólúnsà	Florencia

8. 比萨斜塔	Bǐsà Xiétǎ	Torre inclinada de Pisa
9. 庞贝	Pángbèi	Pompeya
10. 那不勒斯	Nàbùlèsī	Nápoles
11. 维苏威火山	Wéisūwēi Huǒshān	Monte Vesubio
12. 少女泉	Shàonǚ Quán	El manantial de la doncella
13. 西西里岛	Xīxīlǐ Dǎo	Isla de Sicilia
14. 前门	Qián Mén	Puerta Quianmen
15. 劳尔	Láo'ěr	Raúl

注释 Notas

❶ 你别动，我马上就到！ No te muevas, ahora mismo llego.

"别"用在动词或形容词前面，表示劝阻或禁止。

"别" se usa delante de verbos y adjetivos para expresar advertencia o prohibición.

❷ 还是说说你在意大利的那些朋友吧！ Hablemos de tus amigos en Italia.

"还是……吧"表示经过考虑、比较后做出选择，"还是"引出所选择的一项。例如：

"还是……吧" expresa la decisión que se toma después de sopesar y comparar. "还是" sirve para introducir otra opción.

我不想去前门，我们还是去故宫吧。

二、语法 Gramática

1. 动词“在”做谓语的句子

Oraciones con el verbo “在” (estar) como predicado

（1）动词“在”的肯定式　La forma afirmativa de “在”

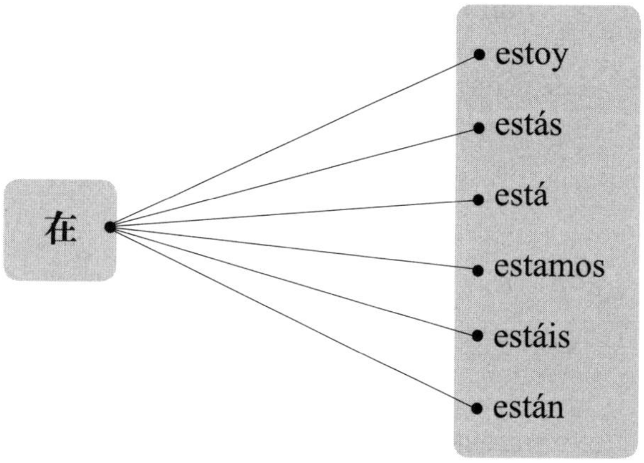

1）我在家。	Yo estoy en casa.
2）他们在巴黎。	Ellos están en París.
3）奶奶在乡下。	La abuela está en el campo.
4）我们在公园。	Estamos en el jardín.

（2）动词“在”的否定式是“不在”或“没在”，疑问式是“在……吗”或“在不在……”。La forma negativa del verbo “在” es “不在” o “没在”, y la forma interrogativa es “在……吗” o “在不在……”

1）A：妈妈在家吗？	A：¿Mamá está en casa?
B：妈妈不/没在家。	B：Mamá no está en casa.
2）A：爸爸在公司吗？	A：¿Papá está en la empresa?
B：爸爸不/没在公司。	B：Papá no está en la empresa.

3）A：胡安在不在/在没在银行？	A：¿Juan está en el banco o no?
B：胡安不/没在银行。	B：Juan no está en el banco.
4）A：劳尔在不在/在没在智利？	A：¿Raúl está en Chile o no?
B：劳尔不/没在智利，他在古巴。	B：Raúl no está en Chile, está en Cuba.

2. 介词“在” La preposición“在”(en)

（1）我在北京工作。	Yo trabajo en Beijing.
我不在北京工作。	Yo no trabajo en Beijing.
（2）他在上海学习汉语。	Él trabaja en Shanghai.
他不在上海学习汉语。	Él no trabaja en Shanghai.
（3）他在北京工作吗？	¿Él trabaja en Beijing?
他不在北京工作。	Él no trabaja en Beijing.
（4）他在哪儿工作？	¿Dónde trabaja él?
他在广州工作。	Él trabaja en Guangzhou.

3. 动态助词“了”和语气助词“了”
Partícula verbal“了”y partícula modal“了”

汉语中动态助词“了”和语气助词“了”的用法比较复杂。动态助词“了”用在动词后，表示动作完成；语气助词“了”出现在句尾，表示肯定语气，有成句功能，有时也表示情况发生变化。

En chino, la partícula verbal “了” y la partícula modal “了” tienen varios usos. La primera se usa después del verbo para expresar la conclusión de una acción mientras que la segunda aparece al final de la oración para expresar la afirmación con la función de construir oraciones. A veces, la partícula modal “了” puede expresar cambio.

（1）本课含有动态助词“了”的句子：

Las oraciones que contienen la partícula verbal “了” en esta lección son:

1）我认识了劳尔。（动词＋“了”）

2）第二年我去了米兰。（动词＋“了”）

3）第三年我们一起去了佛罗伦萨。（动词＋“了”）

4）最后一年，我们去了很多地方旅行，在比萨斜塔下照相，在罗马的斗兽场外留影。（动词＋“了”）

5）我们还去了庞贝古城、那不勒斯、维苏威火山和少女泉，但是我们没去西西里岛。（动词＋“了”）

（2）本课含有语气助词“了”的句子：

Las oraciones que contienen la partícula modal “了” en esta lección son:

1）我到北京西站北广场了。（“了”位于句尾）

2）现在我已经在南广场东边了。（“了”位于句尾）

3）他们不在家，去巴黎了。（“了”位于句尾）

4）她不在上海了。（“了”位于句尾）

5）现在你回国了，想去哪儿工作呢？（“了”位于句尾）

6）我早就不在游泳馆工作了。（“了”位于句尾）

7）他到飞机场工作都一年半了。（“了”位于句尾）

8）前门到了。（“了”位于句尾）

9）我们到家了。（“了”位于句尾）

4. 副词“还” El adverbio “还”

（1）表示补充数量、扩大范围。

Representa el número de suplementos y la expansión del ámbito de aplicación.

1）我去了北京，还去了上海。

2）他喜欢吃饺子，还喜欢吃面包。

（2）表示动作或状态持续不变。

Indica que la acción o el estado permanecen sin cambios.

1）你还在游泳馆工作吗？

2）王明明天还去图书馆。

5. 用“哪儿”提问的句子：疑问代词“哪儿”可以用来询问地点、处所 Oración con pronombre interrogativo “哪儿”: el pronombre interrogativo “哪儿” se usa para preguntar por lugares y localidades.

（1）你在哪儿？	¿Dónde estás tú?
（2）你住在哪儿？	¿Dónde vives tú?
（3）你在哪儿工作？	¿Dónde trabajas tú?
（4）他去哪儿？	¿Adónde va él?

三、汉西对比 Comparación

动词“在”
El verbo “ 在 ”

汉语中的动词“在”后面可以直接加地点名词，而西班牙语在这种情况下，地点名词之前必须加前置词“en”。

En chino el verbo “在” puede llevar directamente el nombre de lugar, mientras que en español la preposición “en” es necesaria en estas circunstancias.

（1）安娜在家。	Ana está en casa.
（2）胡安不在银行。	Juan no está en el banco.
（3）劳尔没在智利。	Raúl no está en Chile.

四、汉字的偏旁 Radicales de los caracteres chinos

1. “扌”: 提土旁 Radical “tierra” al lado

dì	tierra
地	一 十 土 坄 坆 地

kuài	pedazo
块	一 十 土 圸 圷 坱 块

chéng	ciudad
城	一 十 土 圹 圻 坂 坺 城 城

chǎng	cancha
场	一 十 土 圬 场 场

huài	malo
坏	一 十 土 圤 圷 坏 坏

duī	montón
堆	一 十 土 圹 圻 坈 坉 坥 垖 堆 堆

2. “王”：王字旁（斜玉旁）　Radical “jade”

qiú	pelota
球	

wán	jugar
玩	

huán	arco
环	

zhū	perla
珠	

lǐ	razón
理	

xiàn	aparecer
现	

zhēn	tesoro
珍	

五、练习 Ejercicios

1. 古诗朗诵　Recite el siguiente poema clásico　01-4

chūn xiǎo
春　晓

[táng] mèng hào rán
［唐］　孟　浩　然

chūn mián bù jué xiǎo
春　眠　不　觉　晓，

chù chù wén tí niǎo
处　处　闻　啼　鸟。

yè lái fēng yǔ shēng
夜　来　风　雨　声，

huā luò zhī duō shǎo
花　落　知　多　少。

2. 练习“不”的变调　Practique las variacioes tonales de“不”

（1）bù + [primer tono]

bùgōng	bùdān	bù’ān	bùgān
bùkān	bùxiū	bùxī	bùyī

（2）bù + [segundo tono]

bùzú	bùxíng	bù tíng	bù néng
bùrán	bùcéng	bùrú	bùpíng

（3）bù + [tercer tono]

bùmǎn	bùrěn	bùxǔ	bùzhǐ
bùxiǔ	bùguǎn	bùjǐn	bùkě

（4）bù + [cuarto tono]

bú shì	búduì	bú qù	bú huì
búduàn	búlùn	búdìng	búcuò

3. 替换练习　Ejercicios de sustitución

（1）A：你在哪儿？

B：我在宾馆。

宾馆	bīnguǎn	hotel
大使馆	dàshǐguǎn	embajada
体育馆	tǐyùguǎn	estadio, centro deportivo
领事馆	lǐngshìguǎn	consulado
体操馆	tǐcāoguǎn	gimnasio
排球馆	páiqiúguǎn	Estadio techado para voleibol
篮球馆	lánqiúguǎn	Estadio techado para baloncesto
游泳馆	yóuyǒngguǎn	piscina techada

（2）A：你在哪儿工作？

B：我在火车站工作。

火车站	huǒchēzhàn	estación de tren
汽车站	qìchēzhàn	parada del autobús
加油站	jiāyóuzhàn	gasolinera
地铁站	dìtiězhàn	estación del metro

（3）A：他们在站台吗？

B：对，他们在站台。

站台	zhàntái	andén
阳台	yángtái	balcón
电台	diàntái	radio
电视台	diànshìtái	Televisión
主席台	zhǔxítái	tribuna presidencial

（4）A：他们在不在教室？

B：他们不在教室。/ 他们在教室。

教室	jiàoshì	aula
阅览室	yuèlǎnshì	sala de lectura
办公室	bàngōngshì	oficina
候车室	hòuchēshì	sala de espera (tren, autobús)
候机室	hòujīshì	sala de espera (avión)

（5）A：他们在哪儿？

B：他们在飞机场。

飞机场	fēijīchǎng	aeropuerto
体育场	tǐyùchǎng	campo de deportes
剧场	jùchǎng	teatro, coliseo
广场	guǎngchǎng	plaza
足球场	zúqiúchǎng	campo de fútbol
网球场	wǎngqiúchǎng	cancha de tenis
排球场	páiqiúchǎng	cancha de voleibol

4. 完成句子　Complete las siguientes oraciones

（1）A：你喜欢饺子吗？

B：我喜欢饺子，____________。（喜欢　还　面包）

（2）A：星期天我们去体育馆吧。

B：我不想去，____________。（去　还是　图书馆　吧）

（3）A：萨拉的爸爸____________？（哪儿　在　工作）

B：萨拉的爸爸____________。（工作　在　银行）

（4）A：____________？（哪儿　他　去　了）

B：他去学校了。

5. 根据拼音填写汉字　Escriba los caracteres según el pinyin

（1）她们__________（zài nǎr）？

（2）他们在__________（huǒchēzhàn）。

（3）我__________（mǎshàng）到。

（4）萨拉__________（dàochù）旅行。

（5）劳尔在__________（yóuyǒngguǎn）。

（6）罗莎在__________（yīyuàn gōngzuò）。

（7）你__________（zhīdào）王明住哪儿吗？

6. 抄写下列有语气助词“了”的句子
Copie las siguientes oraciones con la partícula modal “了”

（1）我到北京西站北广场了。

____

（2）他们去巴黎了。

____

（3）她不在上海了，她现在在天津。

____

（4）我早就不在游泳馆工作了。

____

（5）他到飞机场工作都一年半了。

____

7. 将下列句子翻译成西班牙语　Traduzca al español las siguientes oraciones

（1）胡安不在银行工作，他在图书馆工作。

____

（2）劳尔没在智利。

____

（3）姑姑还在上海吗？

____

（4）她现在在天津。

____

（5）去年我去了意大利。

____

（6）你家在哪儿？

____

（7）第三年我们一起去了佛罗伦萨。

____

8. 将下列句子翻译成汉语　Traduzca al chino las siguientes oraciones

（1）¿Dónde está Ana?

____

（2）Ana está en casa.

____

（3）¿Dónde está José?

____

（4）José está en la estación de tren.

____

（5）¿Dónde está Antonio?

____

（6）Antonio está en la biblioteca.

____

（7）¿Dónde está Cecilia?

____

（8）Cecilia está en la gasolinera.

____

（9）Juan no está en el banco.

____

（10）Raúl no está en Chile.

____

9. 根据拼音写出生字或生词

Escriba caracteres y palabras nuevas según el pinyin

（1）mǎshàng ____________　（2）zhīdào ____________

（3）huǒchēzhàn ____________　（4）nǎr ____________

（5）zài ____________　（6）dōng ____________

（7）xī ____________　（8）nán ____________

（9）běi ____________

10. 绕口令　Trabalenguas

红凤凰，粉凤凰，　hóng fèng huáng fěn fèng huáng

红粉凤凰，黄凤凰。　hóng fěn fèng huáng huáng fèng huáng

六、汉西对照阅读 Lea los siguientes textos chino-español

俗语和谚语　Dichos y refranes

下不为例！　No se debe tomar como precedente.

吃不到葡萄说葡萄酸！　El que no puede comer uvas dice que están verdes.

得道多助。　Una causa justa obtiene un amplio apoyo.

第二课 这是什么地图？

Lección 2 ¿Qué mapa es este?

关键句 Frases clave 02-1

Zhè shì shénme dìtú?
❶ 这是什么地图？

Zhè shì bu shì Huáng Hé?
❷ 这是不是黄河？

Zhè shì Hǎi Hé bú shì?
❸ 这是海河不是？

一、课文 Texto

Kàn shìjiè dìtú
（一）看世界地图 02-2

Pílā'ěr: Zhè shì shénme dìtú?
皮拉尔：这是什么地图？

Àiláinà: Zhè shì shìjiè dìtú.
艾莱娜：这是世界地图。

Pílā'ěr: Nǐ kàn, zhèr shì Ōuzhōu.
皮拉尔：你看，这儿是欧洲。

Àiláinà: Wǒ zhīdào. Kàn, Fēizhōu zài zhèlǐ. Nàlǐ shì Yàzhōu.
艾莱娜：我知道。看，非洲在这里。那里是亚洲。

Pílā'ěr: Xībānyá zài nǎr?
皮拉尔：西班牙在哪儿？

Àiláinà: Xībānyá zài Ōuzhōu.
艾莱娜：西班牙在欧洲。

Pílā'ěr: Zhìlì zài nǎr?
皮拉尔：智利在哪儿？

Àiláinà: Zhìlì zài Nánměizhōu.
艾莱娜：智利在南美洲。

Pílā'ěr: Jiānádà zài shénme dìfang?
皮拉尔：加拿大在什么地方？

Àiláinà: Jiānádà zài Běiměizhōu.
艾莱娜：加拿大在北美洲。

Pílā'ěr: Zhōngguó zài nǎr?
皮拉尔：中国在哪儿？

Àiláinà: Zhōngguó zài Yàzhōu.
艾莱娜：中国在亚洲。

Pílā'ěr: Àodàlìyà zài nǎr?
皮拉尔：澳大利亚在哪儿？

Àiláinà: Àodàlìyà zài Dàyángzhōu.
艾莱娜：澳大利亚在大洋洲。

Pílā'ěr: Nánjízhōu zài shénme dìfang?
皮拉尔：南极洲在什么地方？

Àiláinà: Nánjízhōu zài zhèr.
艾莱娜：南极洲在这儿。

Pílā'ěr: Mǎlǐ zài nǎge zhōu?
皮拉尔：马里在哪个洲？

Àiláinà: Mǎlǐ zài Fēizhōu.
艾莱娜：马里在非洲。

生词 Vocabulario 02-3

1.	地图	（名）	dìtú	mapa
2.	世界	（名）	shìjiè	mundo
3.	这儿	（代）	zhèr	aquí, acá
4.	这里	（代）	zhèlǐ	aquí, acá

专名 Nombre propio

1.	欧洲	Ōuzhōu	Europa
2.	非洲	Fēizhōu	África
3.	亚洲	Yàzhōu	Asia
4.	南美洲	Nánměizhōu	América del Sur, Sudamérica
5.	加拿大	Jiānádà	Canadá
6.	北美洲	Běiměizhōu	América del Norte, Norteamérica
7.	中国	Zhōngguó	China
8.	澳大利亚	Àodàlìyà	Australia
9.	大洋洲	Dàyángzhōu	Oceanía
10.	南极洲	Nánjízhōu	Antártida
11.	马里	Mǎlǐ	Malí
12.	皮拉尔	Pílā'ěr	Pilar
13.	艾莱娜	Àiláinà	Elena

Kàn Zhōngguó dìtú
（二）看 中国 地图

02-4

Ānnà: Zhè shì Zhōngguó dìtú ma?
安娜：这是中国地图吗？

Zhāng Níng: Shì de, zhè shì Zhōngguó dìtú. Nǐ kàn, zhè jiù shì Chángchéng.
张宁：是的，这是中国地图。你看，这就是长城。

Dōng qǐ Shānhǎi Guān, xī dào Jiāyù Guān.
东起山海关，西到嘉峪关。

Ānnà: À! Zhēn cháng ā! Zhè shì bu shì Huáng Hé?
安娜：啊！真长啊！这是不是黄河？

Zhāng Níng: Shì de, zhè shì Huáng Hé.
张宁：是的，这是黄河。

Ānnà: Zhè shì bu shì Cháng Jiāng?
安娜：这是不是长江？

Zhāng Níng: Zhè shì Cháng Jiāng.
张宁：这是长江。

Ānnà: Zhè shì Huángpǔ Jiāng bú shì?
安娜：这是黄浦江不是？

Zhāng Níng: Zhè dāngrán shì Huángpǔ Jiāng. Nǐ kàn, Huángpǔ Jiāng zài Shànghǎi.
张宁：这当然是黄浦江。你看，黄浦江在上海。

Ānnà: Zhè shì Hǎi Hé bú shì?
安娜：这是海河不是？

Zhāng Níng: Shì de. Nǐ kàn, Hǎi Hé zài Tiānjīn.
张宁：是的。你看，海河在天津。

Ānnà: Zhū Jiāng zài nǎr?
安娜：珠 江 在哪儿？

Zhāng Níng: Zhū Jiāng zài Guǎngdōng.
张 宁：珠 江 在 广 东。

Ānnà: Hēilóng Jiāng zài nǎr?
安娜：黑龙 江 在哪儿？

Zhāng Níng: Hēilóng Jiāng zài Dōngběi.
张 宁：黑龙 江 在东北。

Ānnà: Nǎr shì Huáběi Píngyuán?
安娜：哪儿是华北平原？

Zhāng Níng: Zhèr! Zhèr shì Huáběi Píngyuán. Zhèr shì Zhū Jiāng Sānjiǎozhōu.
张 宁：这儿！这儿是华北 平原。这儿是珠 江 三角洲。

Ānnà: Xīnjiāng Wéiwú'ěr Zìzhìqū yǒu shāmò ma?
安娜：新疆 维吾尔自治区有沙漠吗？

Zhāng Níng: Yǒu, yǒu Zhōngguó zuì dà de shāmò, jiào Tǎkèlāmǎgān Shāmò.
张 宁：有，有 中 国 最大的沙漠，叫塔克拉玛干沙漠。

生词 Vocabulario 02-5

1.	起	（动）	qǐ	partir, empezar
2.	长	（形）	cháng	largo
3.	平原	（名）	píngyuán	llanura
4.	三角洲	（名）	sānjiǎozhōu	delta
5.	有	（动）	yǒu	tener, haber

专名 Nombre propio

1.	长城	Chángchéng	Gran Muralla
2.	山海关	Shānhǎi Guān	paso Shanhaiguan
3.	嘉峪关	Jiāyù Guān	paso Jiayuguan
4.	黄河	Huáng Hé	río Amarillo
5.	长江	Cháng Jiāng	río Yangtsé
6.	黄浦江	Huángpǔ Jiāng	río Huangpu
7.	海河	Hǎi Hé	río Haihe
8.	珠江	Zhū Jiāng	río de las Perlas
9.	广东	Guǎngdōng	Cantón
10.	黑龙江	Hēilóng Jiāng	río Heilongjiang
11.	华北平原	Huáběi Píngyuán	llanura Huabei
12.	珠江三角洲	Zhū Jiāng Sānjiǎozhōu	Delta del río Perla
13.	新疆维吾尔自治区	Xīnjiāng Wéiwú'ěr Zìzhìqū	la Región Autónoma Uigur
14.	塔克拉玛干沙漠	Tǎkèlāmǎgān Shāmò	el desierto de Taklimakan
15.	安娜	Ānnà	Ana
16.	张宁	Zhāng Níng	Zhang Ning

二、语法 Gramática

正反疑问句 Oración interrogativa afirmativa-negativa

1. 用谓语的肯定形式和否定形式并列起来提问：主语 + 动词 / 形容词 + 不 + 动词 / 形容词。

Se formula pregunta yuxtaponiendo las formas afirmativa y negativa del elemento principal del predicado: sujeto + verbo / adj. + "不" + verbo / adj.

（1）你去不去？　¿Tú vas o no vas?

（2）你喝不喝咖啡？　¿Tú tomas o no tomas café?

（3）汉语难不难？　¿El chino es difícil o no?

（4）你忙不忙？　¿Estás ocupado o no?

2. "是"字句用正反疑问句提问时，还有另一种表达方式：主语 + 是 + 宾语 + 不是。

Al hacer preguntas con las frases de preguntas afirmativas y negativas, hay otra forma de expresarlo: el sujeto + 是 + objeto + 不是？ como:

（1）你是不是大夫？　=　你是大夫不是？　¿Usted es doctor o no?

（2）他是不是老师？　=　他是老师不是？　¿Él es profesor o no?

（3）这是不是太平洋？　=　这是太平洋不是？　¿Este es el océano Pacífico o no?

（4）这是不是巴拿马？　=　这是巴拿马不是？　¿Este es Panamá o no?

三、汉西对比 Comparación

汉语中的"是"与"不"

除"是"字句以外，汉语中正反疑问句的回答一般都不能像西班牙语那样简单地用表示肯定的"是"或表示否定的"不"以及类似的词来回答，而是必须有谓语的主要成分。肯定回答时可以用谓语直接表达，否定回答时表示否定的词要同谓语的主要成分并用。例如"你喝不喝咖啡"，不能回答说"是"或"不"，而要说"喝"或者"不喝"。再如"你累不累"，不能回答说"是"或"不"，而要回答说"累"或者"不累"。在西班牙语中，这类问题一般只要根据情况用"sí"或"no"回答就行了。

"Sí" y "No" en chino

Excepto la oración con "是", la respuesta de la oración interrogativa afirmativa-negativa en chino debe llevar el elemento principal del predicado, y no puede ser simplemente "sí" o "no". Cuando la respuesta es afirmativa, se puede expresar directamente con el elemento principal del predicado, y si la respuesta es negativa, la palabra "no" se usa con el elemento principal del predicado. Ej.: Cuando uno contesta a la pregunta "你喝不喝咖啡 (¿Toma usted café?)", tiene que decir："喝 (Tomo)", y si la respuesta es negativa, hay que decir "不喝 (No tomo)", y en este caso, no se puede decir simplemente que "no". Lo mismo ocurre con la pregunta "你累不累 (¿Estás cansado?)" hay que contestar "累 (cansado)", o "不累 (No cansado)". En español, es suficiente contestar "sí" o "no" a estas preguntas según las circunstancias.

四、汉字的偏旁 Radicales de los caracteres chinos

1. "氵"：三点水　Radical "tres gotas de agua"

jiāng	río
江	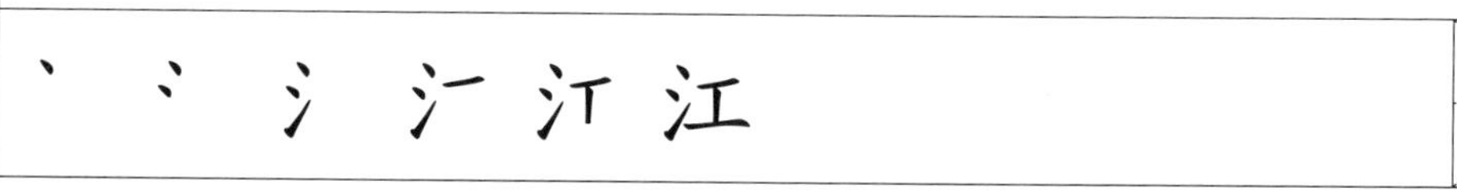

hǎi	mar
海	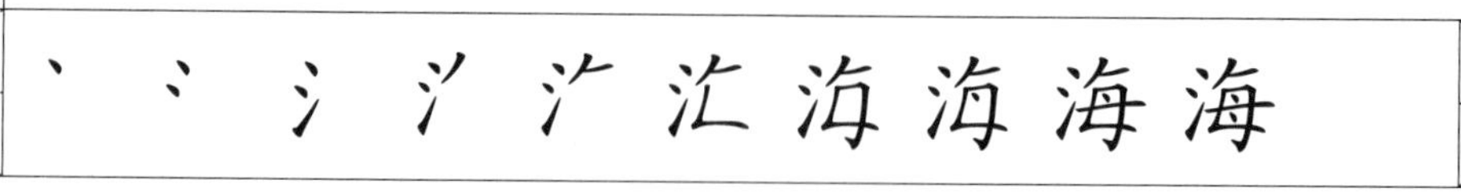

zhōu	continente
洲	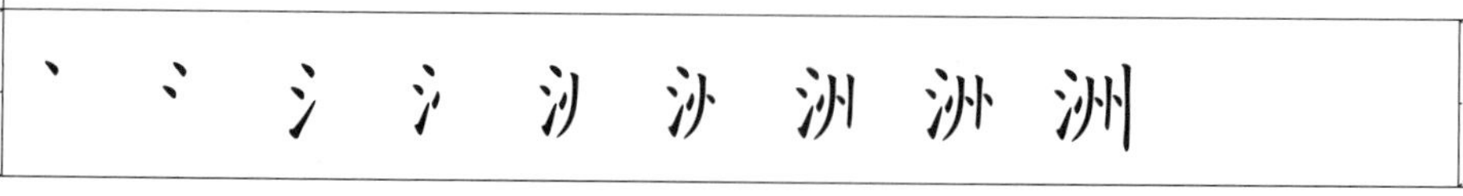

zhī	zumo
汁	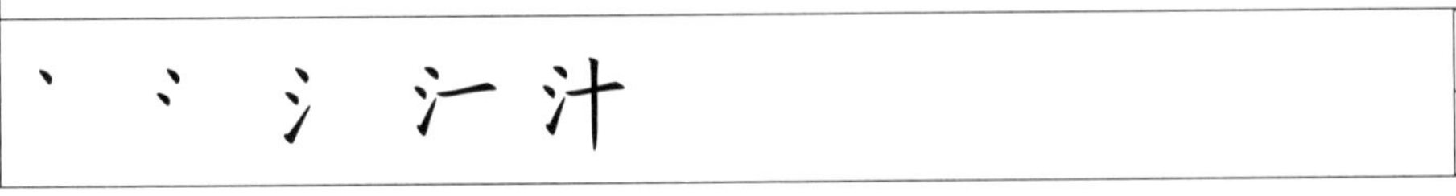

hàn	sudor
汗	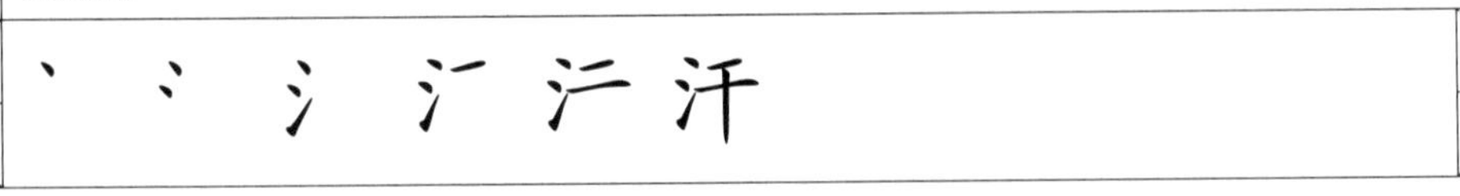

chí	estanque
池	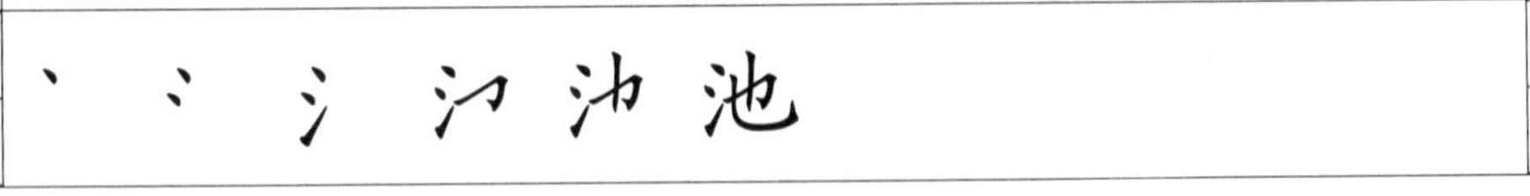

shā	arena
沙	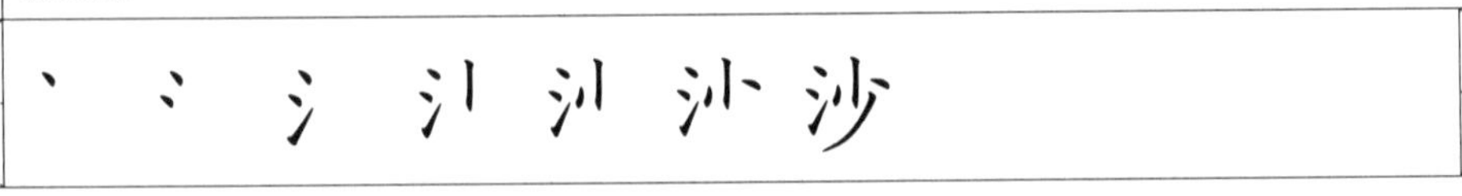

huó	vivo
活	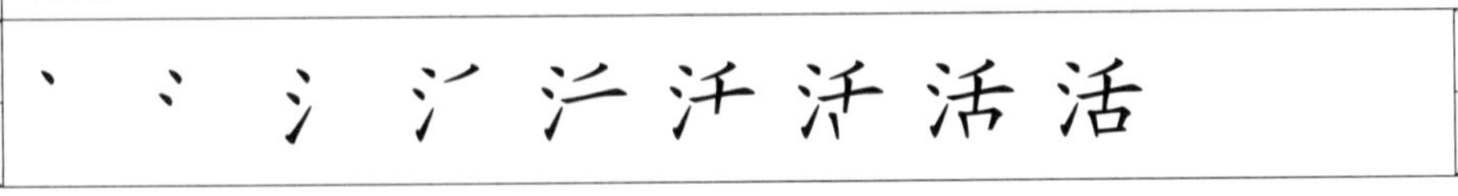

2. “冫”: 两点水　Radical “dos gotas de agua”

bīng	hielo
冰	

liáng	fresco
凉	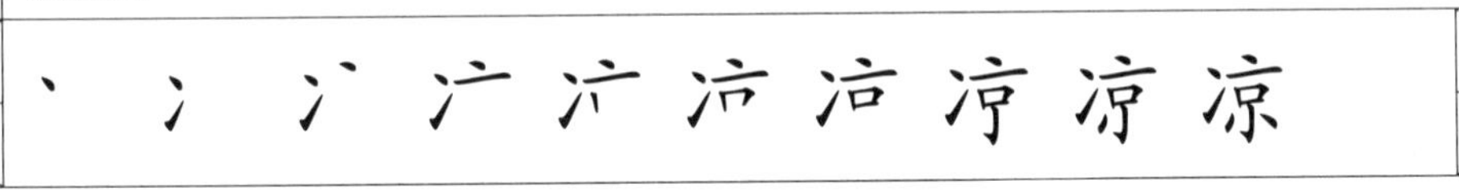

lěng	frío
冷	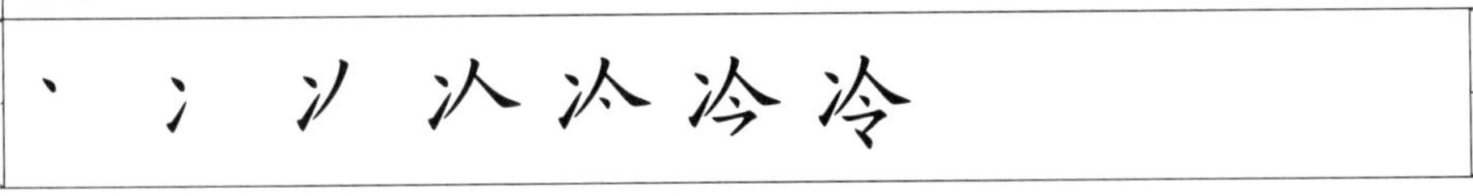

dòng	helar
冻	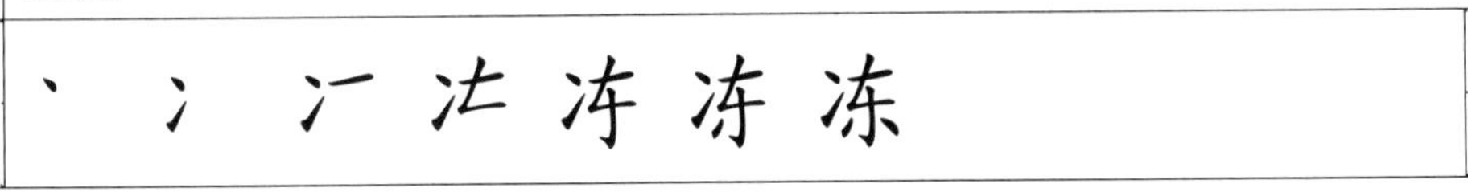

chōng	abalanzarse
冲	丶 冫 冫 冲 冲 冲

jìng	limpio
净	丶 冫 冫 冫 冫 净 净 净

cì	vez
次	丶 冫 冫 冫 次 次

五、练习 Ejercicios

1. 古诗朗诵 Recite el siguiente poema clásico 02-6

dēng guàn què lóu
登鹳雀楼

[táng] wáng zhī huàn
［唐］王之涣

bái rì yī shān jìn
白日依山尽，

huáng hé rù hǎi liú
黄河入海流。

yù qióng qiān lǐ mù
欲穷千里目，

gèng shàng yì céng lóu
更上一层楼。

2. 大声朗读下面的句子 Lea en voz alta las siguientes oraciones

(1) 这是不是黄河? Zhè shì bu shì Huáng Hé?

(2) 这是海河不是? Zhè shì Hǎi Hé bú shì?

(3) 这儿是欧洲。 Zhèr shì Ōuzhōu.

(4) 那里是亚洲。 Nàlǐ shì Yàzhōu.

3. 将下列疑问句改成正反疑问句 Convierte las siguientes preguntas a las afirmativas-negativas

(1) 汉语[难]吗? 汉语难不难____?

(2) 你爸爸[忙]吗? ____________?

(3) 你朋友明天[来]吗? ____________?

(4) 你[喝]茶吗? ____________?

(5) 她妈妈[是]医生吗? ____________?

4. 连词成句 Construya oraciones con los siguientes caracteres

(1) 忙 你 不 忙

____

(2) 咖啡 喝 你 不 喝

____

(3) 不 难 汉语 难

____

(4) 图书馆 这里 是

____

（5）这　长城　是

____

（6）山海关　东　起　西　嘉峪关　到

____

5. 将下列句子翻译成汉语　Traduzca al chino las siguientes oraciones

（1）¿Dónde está usted?

____

（2）¿Dónde está París?

____

（3）¿Dónde está España?

____

（4）¿Dónde está China?

____

（5）¿Dónde está Beijing?

____

（6）¿Dónde está Tianjin?

____

（7）¿Dónde está Shanghai?

____

（8）¿Dónde está Chongqing?

____

（9）¿Dónde está Turpan?

____

（10）¿Dónde está el río Yarlung Tsangpo?

____

（11）¿Dónde está la meseta de Loess?

____

6. 根据拼音写出生字或生词　Escriba caracteres y palabras nuevas según el pinyin

（1）dìtú ________　　（2）zhè ________

（3）nà ________　　（4）dìfang ________

（5）qǐ ________　　（6）dào ________

（7）cháng ________　　（8）kàn ________

7. 主题会话　Conversación temática

（1）四人一组，看世界地图，并模仿课文进行对话。

Formen grupos de 4 y observen el mapamundi. Luego conversen imitando el texto.

（2）全班一起看中国地图，一个人扮演老师，仿照课文提出问题，同学们回答。

Todo el grupo observa el mapa de China. Una persona hace el papel de profesor y hace preguntas según el modelo del texto y los demás las contestan.

（3）说一说中国的名山大川。

Hable sobre las famosas montañas y ríos de China.

（4）说说你们国家的名山大川。

Háblenos sobre las famosas montañas y ríos de su país.

六、汉西对照阅读 Lea los siguientes textos chino-español

俗语和谚语 Dichos y refranes

饥不择食。	Donde hay hambre, no hay pan duro.
不劳动者不得食。	Trabaja y no comerás paja.
以小人之心，度君子之腹。	Piensa el ladrón que todos son de su condición.
好事不出门，恶事行千里。	El bien sueña y el mal vuela.

七、知识拓展 Ampliación del conocimiento

1. 中国的名山大川　**Las famosas montañas y ríos de China**

名山大川	所在省区
阿尔泰山（Ā'ěrtài Shān）	新疆维吾尔自治区（Xīnjiāng Wéiwú'ěr Zìzhìqū）
大兴安岭（Dàxīng'ān Lǐng）	黑龙江省（Hēilóngjiāng Shěng） 内蒙古自治区（Nèiměnggǔ Zìzhìqū）

（续表）

名山大川	所在省区
恒山（Héng Shān）	山西省（Shānxī Shěng）
衡山（Héng Shān）	湖南省（Húnán Shěng）
黄山（Huáng Shān）	安徽省（Ānhuī Shěng）
昆仑山（Kūnlún Shān）	青海省（Qīnghǎi Shěng） 四川省（Sìchuān Shěng） 新疆维吾尔自治区（Xīnjiāng Wéiwú'ěr Zìzhìqū） 西藏自治区（Xīzàng Zìzhìqū）
庐山（Lú Shān）	江西省（Jiāngxī Shěng）
吕梁山（Lǚliáng Shān）	山西省（Shānxī Shěng）
秦岭（Qín Lǐng）	陕西省（Shǎnxī Shěng）
三清山（Sānqīng Shān）	江西省（Jiāngxī Shěng）
太行山（Tàiháng Shān）	北京市（Běijīng Shì） 河北省（Héběi Shěng） 山西省（Shānxī Shěng） 河南省（Hénán Shěng）
五台山（Wǔtái Shān）	山西省（Shānxī Shěng）
武夷山（Wǔyí Shān）	福建省（Fújiàn Shěng） 江西省（Jiāngxī Shěng）

2. 中国有名的湖泊　**Lagos famosos de China**

湖泊	所在省区
洞庭湖（Dòngtíng Hú）	湖南省（Húnán Shěng）
鄱阳湖（Póyáng Hú）	江西省（Jiāngxī Shěng）

（续表）

湖泊	所在省区
青海湖（Qīnghǎi Hú）	青海省（Qīnghǎi Shěng）
赛里木湖（Sàilǐmù Hú）	新疆维吾尔自治区（Xīnjiāng Wéiwú'ěr Zìzhìqū）

3. 补充词语　**Palabras adicionales**

太平洋（Tàipíng Yáng）	大西洋（Dàxī Yáng）
印度洋（Yìndù Yáng）	北冰洋（Běibīng Yáng）
赤道（chìdào）	南极（nánjí）
北极（běijí）	地中海（Dìzhōng Hǎi）
直布罗陀海峡（Zhíbùluótuó Hǎixiá）	古巴群岛（Gǔbā Qúndǎo）
雅鲁藏布江（Yǎlǔzàngbù Jiāng）	

第三课 吹牛

Lección 3 Fanfarroneando

关键句 Frases clave

03-1

Nǐ yǒu shénme?
❶ 你有什么？

Wǒ yǒu shū、 bàozhǐ、 běnzi.
❷ 我有书、报纸、本子。

Wǒ jiā méiyǒu fēijī.
❸ 我家没有飞机。

Shéi jiā dōu méiyǒu.
❹ 谁家都没有。

Nǐ jiā yǒu méi yǒu diànshìjī、 diàncílú、 shèxiàngjī、 zhàoxiàngjī shénme de?
❺ 你家有没有电视机、电磁炉、摄像机、照相机什么的？

一、课文 Texto

Nǐ yǒu shénme?
（一）你有什么？

03-2

Jiǎ: Nǐ yǒu shénme?
甲：你有什么？

Yǐ: Wǒ yǒu shū、bàozhǐ、běnzi, hái yǒu yīfu、màozi、xié、wàzi.
乙：我有书、报纸、本子，还有衣服、帽子、鞋、袜子。

Nǐ ne?
你呢？

Jiǎ: Nǐ yǒu de dōngxi, wǒ dōu yǒu.
甲：你有的东西，我都有。

Yǐ: Nǐ méiyǒu de dōngxi, wǒ yě yǒu.
乙：你没有的东西，我也有。

Jiǎ: Nǐ yǒu shénme hǎo dōngxi?
甲：你有什么好东西？

Yǐ: Wǒ yǒu zìdiǎn、hǎibào、diànshìjī、bīngxiāng, hái yǒu shǒubiǎo shénme de.
乙：我有字典、海报、电视机、冰箱，还有手表什么的。

Jiǎ: Nǐ de dōngxi duō, wǒ de dōngxi shǎo. Búguò diànshìjī、bīngxiāng shénme
甲：你的东西多，我的东西少。不过电视机、冰箱什么

de wǒ yě yǒu.
的我也有。

Yǐ: Wǒ hái yǒu hěn duō hǎo dōngxi ne!
乙：我还有很多好东西呢！

生词 Vocabulario 03-3

1.	吹牛		chuī//niú	fanfarronear
2.	书	（名）	shū	libro
3.	报纸	（名）	bàozhǐ	periódico
4.	衣服	（名）	yīfu	ropa
5.	帽子	（名）	màozi	gorra, sombrero
6.	鞋	（名）	xié	zapatos
7.	袜子	（名）	wàzi	calcetines
8.	东西	（名）	dōngxi	cosa
9.	没有	（动）	méiyǒu	no tener
10.	字典	（名）	zìdiǎn	diccionario
11.	海报	（名）	hǎibào	cartel
12.	电视机	（名）	diànshìjī	televisor
13.	冰箱	（名）	bīngxiāng	nevera, refrigerador
14.	手表	（名）	shǒubiǎo	reloj de pulsera
15.	少	（形）	shǎo	poco

Nǐ jiā yǒu shénme?
（二）你家有什么？

03-4

Jiǎ: Nǐ jiā yǒu shénme?
甲：你家有什么？

Yǐ: Wǒ jiā shénme dōu yǒu.
乙：我家什么都有。

Jiǎ: Wǒ bú xìn. Nǐ jiā yǒu fēijī ma?
甲：我不信。你家有飞机吗？

Yǐ: Wǒ jiā méiyǒu fēijī. Shéi jiā yǒu fēijī?
乙：我家没有飞机。谁家有飞机？

Jiǎ: Shéi jiā dōu méiyǒu. Nǐ jiā yǒu shénme?
甲：谁家都没有。你家有什么？

Yǐ: Wǒ jiā yǒu qìchē、fángzi、huāyuán、chēkù, hái yǒu gǒu.
乙：我家有汽车、房子、花园、车库，还有狗。

Jiǎ: Nǐ jiā yǒu gāngqín ma?
甲：你家有钢琴吗？

Yǐ: Dāngrán yǒu.
乙：当然有。

Jiǎ: Nǐ jiā yǒu bīngxiāng、xǐyījī ma?
甲：你家有冰箱、洗衣机吗？

Yǐ: Yǒu, wǒ jiā hái yǒu diàndēng、diànhuà、diànyùndǒu ne.
乙：有，我家还有电灯、电话、电熨斗呢。

Jiǎ: Nǐ jiā yǒu méi yǒu diànshìjī、diàncílú、shèxiàngjī、zhàoxiàngjī shénme de?
甲：你家有没有电视机、电磁炉、摄像机、照相机什么的？

Yǐ: Dāngrán yǒu le! Wǒ jiā hái yǒu kōngtiáo ne.
乙：当然有了！我家还有空调呢。

Jiǎ: Nǐ yǒu píngbǎn diànnǎo ma?
甲：你有平板电脑吗？

Yǐ: Wǒ yǒu. Wǒ mā hái yǒu yí bù Huáwéi zhìnéng shǒujī ne. Tā de shǒujī néng zhàoxiàng、shàngwǎng、lùxiàng, hái néng kàn diànshì ne.
乙：我有。我妈还有一部华为智能手机呢。她的手机能照相、上网、录像，还能看电视呢。

Jiǎ: Nǐ zhēn yǒu qián, shénme dōu yǒu! Wǒ shénme dōu méiyǒu.
甲：你真有钱，什么都有！我什么都没有。

生词 Vocabulario 03-5

1.	汽车	（名）	qìchē	automóvil
2.	房子	（名）	fángzi	casa, vivienda
3.	花园	（名）	huāyuán	jardín
4.	车库	（名）	chēkù	garaje
5.	钢琴	（名）	gāngqín	piano
6.	洗衣机	（名）	xǐyījī	lavadora
7.	电灯	（名）	diàndēng	lámpara
8.	电话	（名）	diànhuà	teléfono
9.	电熨斗	（名）	diànyùndǒu	plancha eléctrica
10.	电磁炉	（名）	diàncílú	microondas
11.	摄像机	（名）	shèxiàngjī	cámara de vídeo
12.	照相机	（名）	zhàoxiàngjī	cámara fotográfica
13.	空调	（名）	kōngtiáo	aire acondicionado
14.	钱	（名）	qián	dinero

二、语法 Gramática

1.“有”字句　Oraciones con“有”

动词“有”做谓语时，表示领有、具有。它的否定形式是“没有”。

Las oraciones en las que “有” constituye el elemento principal del predicado frecuentemente expresan posesión. Su forma negativa es: “没有”.

（1）他有汽车。　Él tiene coche.

（2）她有狗。　Ella tiene perro.

（3）我没有汽车。　Yo no tengo coche.

（4）我没有狗。　Yo no tengo perro.

（5）他没有桌子。　Él no tiene mesa.

（6）他们没有报纸。　Ellos no tienen periódicos.

（7）你哥哥有汽车吗？　¿Tu hermano tiene coche?

（8）他们有没有报纸？　¿Ellos tienen periódicos?

2.“什么＋的”用在两个或两个以上并列成分后，表示“等等”的意思
“什么＋的”significa "etc." se usa después de dos o más elementos en una secuencia

（1）我有衣服、帽子、鞋、袜子什么的。
Tengo ropa, sombreros, zapatos, calcetines, etc.

（2）王明星期天喜欢看书、上网什么的。
A Wang Ming, los domingos, le gusta leer libros, navegar por Internet, etc.

（3）我有电灯、电话、电脑什么的。
Tengo luz eléctrica, teléfono, ordenador, etc.

3. 疑问代词“什么”“谁”表示任指 El pronombre interrogativo “什么” “谁” puede significar : todo, nada, nadie

疑问代词“什么”“谁”用在“都 / 也”的前面，表示所说的范围内没有例外。

Los pronombres interrogativos “什么” “谁” se usan delante de “都/也” para expresar que no hay ninguna excepción en lo que han mencionado.

（1）我家什么都有。	En mi casa hay de todo.
（2）谁都想喝咖啡。	Todo el mundo quiere tomar café.
（3）他什么也不想吃。	No quiere comer nada.
（4）今天谁也没来上课。	Nadie vino a clase hoy.

三、汉西对比 Comparación

西班牙语的“nada”与“nadie”在汉语中的表达
“Nada” y “nadie” en lengua china

西班牙语中的“nada”和“nadie”的意思用汉语表达时，形式更加灵活。“nada”可以表达成“什么都没有”“什么也没有”“什么东西都没有”等；“nadie”可以表达成“一个人也没有”“没有任何人”“谁都不”“谁都没有”等。例如：

Las palabras en español “nada” y “nadie” se traducen al chino de manera muy flexible. “Nada” se traduce como “什么都没有”, “什么也没有”, “什么东西都没有”; “nadie” se traduce como “没有任何人”, “谁都不”, “谁都没有”。

我什么都没有。	No tengo nada.
我什么也没有说。	No digo nada.
我病了，什么也不想干。	Estoy enfermo, nada quiero hacer.
如果你一点儿也不想知道，那我也就什么都不说了。	Si no quieres saber nada, nada te digo.

谁都没在。	Nadie está.
谁也不会去。	Nadie va a ir.
没有任何人喜欢她。	Nadie la ama.
这件事他对谁都没说。	Esto él no lo dice a nadie.

四、汉字的偏旁 Radicales de los caracteres chinos

“木”: 木字旁 Radical “madera”

pinyin	汉字	significado	orden de trazos
mù	木	madera	一 十 才 木
lín	林	bosque	一 十 才 木 木一 木十 材 林
jī	机	máquina	一 十 才 木 木丿 机
qiáo	桥	puente	一 十 才 木 木丿 木𠂉 木𠂉丿 枖 枖丿 桥
guì	柜	armario	一 十 才 木 木一 木𠃍 木彐 柜
xiào	校	escuela	一 十 才 木 木丶 木亠 木亠丿 木六 木六丿 校

五、练习 Ejercicios

1. 古诗朗诵 Recite el siguiente poema clásico 03-6

zèng wāng lún
赠 汪 伦

[táng] lǐ bái
[唐] 李 白

lǐ bái chéng zhōu jiāng yù xíng
李 白 乘 舟 将 欲 行，
hū wén àn shàng tà gē shēng
忽 闻 岸 上 踏 歌 声。
táo huā tán shuǐ shēn qiān chǐ
桃 花 潭 水 深 千 尺，
bù jí wāng lún sòng wǒ qíng
不 及 汪 伦 送 我 情。

2. 朗读下列词语 Lea en voz alta las siguientes palabras

梯子—蹄子 tīzi – tízi
柱子—主子 zhùzi – zhǔzi
珠子—竹子 zhūzi – zhúzi
毯子—坛子 tǎnzi – tánzi
杯子—被子 bēizi – bèizi
句子—橘子 jùzi – júzi
池子—尺子 chízi – chǐzi
刀子—稻子 dāozi – dàozi

3. 根据拼音默写句子 Escriba las siguientes oraciones según el pinyin

(1) Tā yǒu qìchē. ______________________________

(2) Wǒ méiyǒu qìchē. ______________________________

（3）Tā yǒu gǒu. ________________

（4）Wǒ méiyǒu gǒu. ________________

（5）Tāmen yǒu bàozhǐ. ________________

（6）Wǒmen méiyǒu bàozhǐ. ________________

4. 写出下列句子的否定句和疑问句 Escriba las formas negativas e interrogativas de las siguientes oraciones

例：我有姐姐。→我没有姐姐。→你有姐姐吗？

（1）我有房子。 →__________。→__________？

（2）我有花园。 →__________。→__________？

（3）我有车库。 →__________。→__________？

（4）我有电脑。 →__________。→__________？

（5）我有手机。 →__________。→__________？

（6）我有电话。 →__________。→__________？

（7）我有电视机。→__________。→__________？

（8）我有桌子。 →__________。→__________？

（9）我有椅子。 →__________。→__________？

（10）我有床。 →__________。→__________？

5. 将下列句子翻译成汉语 Traduzca las siguientes oraciones al chino

（1）Máma tiene una plancha.

____

（2）Papá no tiene coche.

____

（3）Mi hermano mayor tiene novia.

____

（4）Mi hermana menor no tiene ordenador.

____

（5）Mi amiga tiene muchos libros.

____

（6）Mi abuela tiene muchas flores.

____

（7）José no tiene televisor.

____

（8）Ana tiene muchos periódicos.

____

（9）Juan no tiene trabajo.

____

6. 连词成句 Construya oraciones con las siguientes palabras

（1）什么　也　想　吃　不

____

（2）都　认识　谁　不

____

（3）他　　哥哥　　有

____

（4）你爸爸　　汽车　　有　　没有

____

（5）面包　　喜欢　　什么　　我　　的　　牛奶

____

（6）不　　去　　谁　　都

____

7. 造句　Construya oraciones

（1）造三个肯定的“有”字句，如：我有书。

____

____

____

（2）造三个否定的“有”字句，如：我没有书包。

____

____

____

8. 朗读下列对话　Lea en voz alta los siguientes diálogos

（1）A：你有兄弟姐妹吗？

A：¿Tienes hermanos?

B：有，我有两个哥哥和一个妹妹。

B：Sí, tengo dos hermanos mayores y una hermana menor.

（2）A：你哥哥有女朋友吗？	A：¿Tiene novia su hermano mayor?
B：我哥哥没有女朋友。	B：Mi hermano mayor no tiene novia.
（3）A：你妹妹有电脑吗？	A：¿Tiene ordenador tu hermana menor?
B：我妹妹没有电脑。	B：Mi hermana menor no tiene ordenador.
（4）A：你弟弟有电脑吗？	A：¿Tiene ordenador tu hermano menor?
B：我弟弟没有电脑。	B：Mi hermano menor no tiene ordenador.
（5）A：安娜有手机吗？	A：¿Tiene celular Ana?
B：安娜有手机。	B：Ana tiene celular.
（6）A：你姐姐有手机吗？	A：¿Tiene celular tu hermana mayor?
B：我姐姐没有手机。	B：Mi hermana mayor no tiene celular.

9. 主题会话 Conversación temática

四人一组，说说你家有什么东西。

En grupos de cuatro, dialoguen sobre las cosas que tienen en sus casas.

六、汉西对照阅读 Lea los siguientes textos chino-español

俗语和谚语 Dichos y refranes

沉默就是默认。	El que calla otorga.
良好的开端是成功的一半。	Buen principio, la mitad hecho.
贪多嚼不烂。	El que mucho abarca poco aprieta.
良药苦口利于病，忠言逆耳利于行。	Lo que es amargo al paladar es bueno para el estómago.

第四课 天上有多少颗星星？

Lección 4 ¿Cuántas estrellas hay en el cielo ?

关键句 Frases clave 04-1

Tiānshàng yǒu jǐ gè tàiyáng?
1 天上有几个太阳？

Tiānshàng yǒu duōshao kē xīngxing?
2 天上有多少颗星星？

Dìshang yǒu duōshao zhī yáng?
3 地上有多少只羊？

Hǎi li yǒu duōshao tiáo yú?
4 海里有多少条鱼？

Shìjiè shang yǒu duōshao rén?
5 世界上有多少人？

Hǎi li yǒu duōshao zhī xiā?
6 海里有多少只虾？

Nǐ yǒu duōshao qián?
7 你有多少钱？

一、课文 Texto

Tiānshàng yǒu duōshao kē xīngxing?
（一）天上有多少颗星星？ 04-2

Jiǎ: Tiānshàng yǒu jǐ gè tàiyáng?
甲：天上　有几个太阳？

Yǐ: Yí gè.
乙：一个。

Jiǎ: Tiānshàng yǒu jǐ gè yuèliang?
甲：天上　有几个月亮？

Yǐ: Yí gè.
乙：一个。

Jiǎ: Tiānshàng yǒu duōshao kē xīngxing?
甲：天上　有多少颗星星？

Yǐ: Yì kē、liǎng kē、sān kē、sì kē、wǔ kē、liù kē、qī kē、bā kē、jiǔ kē、shí kē …… shǔ bu qīng.
乙：一颗、两颗、三颗、四颗、五颗、六颗、七颗、八颗、九颗、十颗……数不清。

Jiǎ: Dìshang yǒu duōshao zhī yáng?
甲：地上有多少只羊？

Yǐ: Shí zhī、èrshí zhī、sānshí zhī、sìshí zhī、wǔshí zhī、liùshí zhī、qīshí zhī、bāshí zhī、jiǔshí zhī、yìbǎi zhī …… shǔ bu wán.
乙：十只、二十只、三十只、四十只、五十只、六十只、七十只、八十只、九十只、一百只……数不完。

Jiǎ: Hǎi li yǒu duōshao tiáo yú?
甲：海里有多少条鱼？

Yǐ: Yìbǎi tiáo、èrbǎi tiáo、sānbǎi tiáo、sìbǎi tiáo、wǔbǎi tiáo、liùbǎi tiáo、qībǎi tiáo、bābǎi tiáo、jiǔbǎi tiáo、yìqiān tiáo、yíwàn tiáo、yìbǎi wàn tiáo …… shǔ bu jìn.
乙：一百条、二百条、三百条、四百条、五百条、六百条、七百条、八百条、九百条、一千条、一万条、一百万条……数不尽。

Jiǎ: Shìjiè shang yǒu duōshao rén?
甲：世界上有多少人？

Yǐ: Yìbǎi wàn、èrbǎi wàn、sānbǎi wàn、sìbǎi wàn、wǔbǎi wàn、
乙：一百万、二百万、三百万、四百万、五百万、

liùbǎi wàn、qībǎi wàn、bābǎi wàn、jiǔbǎi wàn、yìqiān wàn……
六百万、七百万、八百万、九百万、一千万……

Jiǎ: Hǎi li yǒu duōshao zhī xiā?
甲：海里有多少只虾？

Yǐ: Yìqiān wàn、liǎngqiān wàn、sānqiān wàn、sìqiān wàn、wǔqiān wàn、
乙：一千万、两千万、三千万、四千万、五千万、

liùqiān wàn、qīqiān wàn、bāqiān wàn、jiǔqiān wàn……
六千万、七千万、八千万、九千万……

Jiǎ: Nǐ yǒu duōshao qián?
甲：你有多少钱？

Yǐ: Wǒ yǒu hěn duō qián. Yìbǎi wàn、yìqiān wàn、yíyì、liǎngyì、sān-yì …… Wǒ shì yìwàn fùwēng.
乙：我有很多钱。一百万、一千万、一亿、两亿、三亿……我是亿万富翁。

Jiǎ: Nǐ zuòmèng ba!
甲：你做梦吧！

生词 Vocabulario 04-3

1.	天上	（名）	tiānshàng	cielo
	上	（名）	shàng	arriba
2.	多少	（代）	duōshao	cuántos, cuántas

3. 颗	（量）	kē	clasificador chino
4. 星星	（名）	xīngxing	estrella
5. 太阳	（名）	tàiyáng	sol
6. 月亮	（名）	yuèliang	luna
7. 数	（动）	shǔ	contar
8. 地上	（名）	dìshang	tierra
9. 只	（量）	zhī	clasificador chino
10. 羊	（名）	yáng	oveja, cordero
11. 完	（动）	wán	terminar
12. 海	（名）	hǎi	mar
13. 里	（名）	lǐ	interior
14. 条	（量）	tiáo	clasificador chino
15. 鱼	（名）	yú	pez
16. 虾	（名）	xiā	gamba, camarón
17. 亿万富翁		yìwàn fùwēng	millonario

注释 Notas

❶ 你做梦吧！ ¡Estás soñando!

❷ 数不清、数不完、数不尽 Innumerable, incalculable, incontable

"v + 得 / 不 + adj" 是可能补语，表示有没有可能做某事。

"v + 得 / 不 + adj" es un complemento de posibilidad, indicando si es posible o no hacer algo.

Nǐ jiā yǒu jǐ kǒu rén?
（二）你家有几口人？

04-4

Jiǎ: Nǐ jiā yǒu jǐ kǒu rén?
甲：你家有几口人？

Yǐ: Wǒ jiā yǒu wǔ kǒu rén. Yéye、nǎinai、bàba、māma hé wǒ. Nǐ jiā ne?
乙：我家有五口人。爷爷、奶奶、爸爸、妈妈和我。你家呢？

Jiǎ: Wǒ jiā yǒu liù kǒu rén. Bàba、māma、wǒ hé wǒ qīzi, hái yǒu liǎng gè háizi.
甲：我家有六口人。爸爸、妈妈、我和我妻子，还有两个孩子。

Yǐ: Liǎng gè háizi shì nánháir háishi nǚháir?
乙：两个孩子是男孩儿还是女孩儿？

Jiǎ: Yí gè nánháir, yí gè nǚháir.
甲：一个男孩儿，一个女孩儿。

Yǐ: Nà nǐ yéye nǎinai ne?
乙：那你爷爷奶奶呢？

Jiǎ: Tāmen dōu bú zài le.
甲：他们都不在了。

Yǐ: Nǐ zhīdào Mǎlìyà jiā yǒu jǐ kǒu rén ma?
乙：你知道玛丽娅家有几口人吗？

Jiǎ: Bù zhīdào. Zhǐ zhīdào tā jiā rén hěn duō. Tā yě yǒu liǎng gè háizi, yì nán yì nǚ.
甲：不知道。只知道她家人很多。她也有两个孩子，一男一女。

Yǐ: Mǎlìyà jiā xiōngdì jiěmèi hǎo jǐ gè, zhízi、zhínǚ、wàisheng、wàishengnǚ yí dà bāng.
乙：玛丽娅家兄弟姐妹好几个，侄子、侄女、外甥、外甥女一大帮。

Jiǎ: Ò, nǐ yǒu háizi ma?
甲：哦，你有孩子吗？

Yǐ: Wǒ líhūn le, xiànzài dānshēn.
乙：我离婚了，现在单身。

Jiǎ: Duìbuqǐ! Bù yīnggāi wèn nǐ zhège wèntí.
甲：对不起！不应该问你这个问题。

Yǐ: Méi shénme.
乙：没什么。

生词 Vocabulario 04-5

1.	口	（量）	kǒu	clasificador
2.	妻子	（名）	qīzi	esposa

3.	孩子	（名）	háizi	hijo, hija
4.	男孩儿	（名）	nánháir	chico
5.	女孩儿	（名）	nǚháir	chica
6.	兄弟	（名）	xiōngdì	hermanos (refiriéndose a hermano mayor y menor)
7.	姐妹	（名）	jiěmèi	hermanas (refiriéndose a hermana mayor y menor mayor)
8.	帮	（量）	bāng	clasificador
9.	离婚		lí//hūn	divorciarse
10.	单身	（动）	dānshēn	soltero
11.	应该	（助动）	yīnggāi	deber
12.	问题	（名）	wèntí	pregunta

专名 Nombre propio

玛丽娅	Mǎlìyà	María

注释 Notas

❶ 你家有几口人？ ¿Cuántos sois en tu familia?

"几"用来询问10以内的数字，更大的数字用"多少"提问。

"几" se usa para preguntar los números menores de 10. "多少" se emplea para preguntar números más grandes.

❷ 他们都不在了。 Todos ellos murieron.

"不在"是"死亡"的委婉说法。

"不在" es eufemismo de morir.

❸ **兄弟姐妹好几个。** Tiene varios hermanos.

❹ **侄子、侄女、外甥、外甥女一大帮。** Tienen muchos sobrinos y sobrinas.

"帮"是量词，用在指人名词前面，表示数量多。

"帮" es un clasificador. Se usa delante de los sustantivos que se refieren a las personas y sirve para indicar un gran número o cantidad.

❺ **没什么。** Eso no es nada.

二、语法 Gramática

1. 二十以上数字的读法 Cómo leer los números por encima de 20

20 二十	24 二十四	38 三十八	99 九十九	100 一百	208 二百零八	345 三百四十五	679 六百七十九
750 七百五十	999 九百九十九	1000 一千	2001 两千零一	3030 三千零三十	3500 三千五百	6789 六千七百八十九	9999 九千九百九十九
10000 一万	10001 一万零一	20050 两万零五十	30500 三万零五百	34578 三万四千五百七十八	45000 四万五千	100000 十万	345789 三十四万五千七百八十九
1000000 一百万	10000000 一千万	100000000 一亿					

注释 Notas

西班牙语中的“diez mil”在汉语中要用“万”来表示，如：

La palabra “diez mil” en español se expresa como “万” en chino.

❶ 一万 diez mil

❷ 两万 veinte mil

❸ 三万 treinta mil

❹ 一百万 un millón

2. 阿拉伯数字在汉语中的读法 Cómo leer los números arábigos en chino

（1）多位数中间有两个或两个以上的“0”时，只读一个“0”。

Nota: En un número compuesto, cuando hay dos o más de dos “0” consecutivos, leemos solamente uno de ellos.

50045000 五千零四万五千

1006000 一百万零六千

（2）直接读数字时，要把每个“0”都读出来。

Cuando se leen por separado las cifras de un número compuesto, debe pronunciarse cada “0”.

2008 二零零八

50003060 五零零零三零六零

（3）电话号码和手机号码要一位一位地读。

Los números de teléfono y los de celular deben leerse uno por uno.

010—2040498 零一零二零四零四九八

13911420380 一三九一一四二零三八零

（4）房间号码、公交线路要一位一位地读。

Los números de las habitaciones y los de las líneas de autobús deben leerse uno por uno.

1205	1108	2006
一二零五	一一零八	二零零六

注释 Notas

数字“1”用于电话号码、手机号码、房间号码和公交线路等的编码、编号时，常读成“yāo”。

El número “1” a menudo se lee como “yāo” cuando se usa para codificar y numerar números de teléfono, de celular, de habitaciones, de líneas de autobús, etc.

三、汉西对比 Comparación

数字集合词

汉语中的“万”和“亿”是两个独立的数字集合词，西班牙语中没有完全对应的数词。西班牙语中的“millón”在汉语中也没有对应的数词。两种语言在转换时，汉语中的“万”和“亿”在西班牙语中分别用“10 mil”和“100 millones”来表示，例如：“13 亿”在西班牙语中要说成是“1.300 millones”。

西班牙语中的“lustro”和“docena”在汉语中也没有对应的词，只能分别表达为“5 年”和“12”，但“12”也可根据具体情况说成“一打”，如“一打鸡蛋”。

Una cifra que conforma palabras

Los números en chino “万” y “亿” y el “millón” en español son unidades de números independientes usados ampliamente. "万" y "亿" en chino se expresan en español con 10 mil y 100 millones, respectivamente, por ejemplo:

"13 亿" en español se expresa como 1.300 millones.

En cuanto a "lustro" y "docena", sustantivos para expresar números en español, en chino se debe decir "5年" y "12", respectivamente, pero "12" también puede traducirse como "一打", según cada caso, como en "一打鸡蛋".

四、汉字的偏旁 Radicales de los caracteres chinos

"忄"：竖心旁　Radical "corazón al lado"

qíng	sentimiento
情	情

kuài	rápido
快	快

pà	temer
怕	怕

máng	estar ocupado
忙	忙

dǒng	entender
懂	懂

五、练习 Ejercicios

1. 朗读数字诗　Recite el siguiente poema clásico　04-6

shù zì shī
数字诗

[hàn] zhuó wén jūn
［汉］卓文君

yì bié zhī hòu
一别之后，
èr dì xuán niàn
二地悬念。
zhǐ shuō shì sān sì yuè
只说是三四月，
yòu shéi zhī wǔ liù nián
又谁知五六年。
qī xián qín wú xīn tán
七弦琴无心弹，
bā háng shū wú kě chuán
八行书无可传。
jiǔ lián huán cóng zhōng zhé duàn
九连环从中折断，
shí lǐ cháng tíng wàng yǎn yù chuān
十里长亭望眼欲穿。

2. 朗读下面的儿歌 Lea en voz alta la siguiente canción infantil

马兰开花

一、二、三、四、五、六、七，
马兰开花二十一，
二五六、二五七、二八、二九、三十一，
三五六、三五七、三八、三九、四十一，
四五六、四五七、四八、四九、五十一，
五五六、五五七、五八、五九、六十一，
六五六、六五七、六八、六九、七十一，
七五六、七五七、七八、七九、八十一，
八五六、八五七、八八、八九、九十一，
九五六、九五七、九八、九九、一百一。

3. 朗读并理解下列词语 Lea en voz alta y aprenda las siguientes expresiones

数不清 shǔ bu qīng
数不完 shǔ bu wán
来不及 láibují
看不起 kànbuqǐ
数不尽 shǔ bu jìn

4. 朗读下列词语 Lea en voz alta las siguientes palabras

二月风筝 èr yuè fēng zheng
三月桃花 sān yuè táo huā
四月清明 sì yuè qīng míng
五月石榴如火 wǔ yuè shí liu rú huǒ
六月伏天 liù yuè fú tiān
七月流火 qī yuè liú huǒ
八月中秋 bā yuè zhōng qiū
九月重阳 jiǔ yuè chóng yáng

5. 大声朗读下列数字　Lea en voz alta los siguientes números

26	49	105	769	800
320	1000	3002	5201	6325
10000	3000	2630	120	

6. 填出合适的量词　Ponga los clasificadores adecuados

例：一个太阳 un sol　　一本画报 una revista　　一只羊 una oveja　　一辆牛车 una carreta de bueyes

（1）两____人 dos personas　　（2）两____书 dos libros　　（3）两____猪 dos cerdos　　（4）两____马车 dos carros de caballos

（5）三____广场 tres plazas　　（6）三____杂志 tres revistas　　（7）三____羊 tres ovejas　　（8）三____卡车 tres camiones

7. 回答下列问题并找出每个句子中的量词　Conteste a las siguientes preguntas y localice los clasificadores en cada oración

例：你看哪本书？　我看这本书。　本

（1）你喜欢哪支笔？　____________　______

（2）你喜欢哪个人？　____________　______

（3）你要哪台电脑？　____________　______

（4）你家有几口人？　____________　______

（5）你有几个手机？　____________　______

8. 根据拼音写出汉字　Escriba los caracteres chinos según el pinyin

（1）yí gè tàiyáng ____________　　（2）yí gè yuèliang____________

（3）shí kē xīngxing ____________　（4）sìshí zhī yáng____________

（5）èrshí zhī xiā ____________　（6）yìbǎi tiáo yú ____________

（7）bā kǒu rén ____________

9. 将下列句子翻译成西班牙语　Traduzca las siguientes oraciones al español

（1）天上有一个太阳。

____

（2）天上有很多星星。

____

（3）海里有数不清的鱼。

____

（4）你家有几口人？

____

（5）我家有三口人，我、妻子和一个孩子。

____

（6）世界上有多少人？

____

10. 将下列句子翻译成汉语　Traduzca las siguientes oraciones al chino

（1）Tiene bastantes hermanos.

____

（2）Tienen muchos sobrinos y sobrinas.

____

（3）Todos ellos murieron.

____

11. 命题作文 Escriba un artículo con el título dado

以《我的家》为题写一篇文章。要求全部用汉字书写，书写要清楚工整，字数不少于 120 字。

Escriba un artículo con el título “Mi casa”. Hay que escribirlo en caracteres chinos con no menos de 120 caracteres, fijándose en escribirlos claros y ordenados.

六、汉西对照阅读 Lea los siguientes textos chino-español

俗语和谚语 Dichos y refranes

人贵有自知之明。	Cada quien es dueño de su miedo.
一人一世界，世界因人而异。	Cada cabeza es un mundo.
各司其职，各谋其位。	Cada cual a lo suyo.
物转星移，物皆有时。	Cada cosa a su tiempo.
自家毛病自家知，自己鞋小自己知。	Cada cual sabe dónde le aprieta el zapato.

七、知识拓展 Ampliación del conocimiento

1. 分数 Números quebrados

En chino se usa "…分之…" para indicar los números quebrados. Al leerlos, el denominador precede al numerador.

1/2	1/3	1/4	4/7
二分之一	三分之一	四分之一	七分之四
èr fēnzhī yī	sān fēnzhī yī	sì fēnzhī yī	qī fēnzhī yī

2. 小数 Números decimales

0.5	零点五	líng diǎn wǔ
44.5	四十四点五	sìshísì diǎn wǔ
0.05	零点零五	líng diǎn líng wǔ
0.005	零点零零五	líng diǎn líng líng wǔ
0.0088	零点零零八八	líng diǎn líng líng bā bā

3. 百分数 Porcentajes

El porcentaje es una fracción con 100 como denominador. Se lee "bǎifēnshù" precediendo al numerador.

100%	百分之百	bǎi fēnzhī bǎi
90%	百分之九十	bǎi fēnzhī jiǔshí
25%	百分之二十五	bǎi fēnzhī èrshíwǔ

4. 倍数 Numerales multiplicativos

Los numerales multiplicativos se forman añadiendo la palabra "倍 (bèi)" después del numeral.

$2 \times 5 = 10$	十是五的二倍。	Shí shì wǔ de èr bèi.
$3 \times 3 = 9$	九是三的三倍。	Jiǔ shì sān de sān bèi.
$2 \times 4 = 8$	八是四的二倍。	Bā shì sì de èr bèi.

第五课 天上有什么？

Lección 5 ¿Qué hay en el cielo?

关键句 Frases clave 05-1

Tiānshàng yǒu tàiyáng、 yuèliang hé xīngxing.
❶ 天上有太阳、月亮和星星。

Gùgōng zài guǎngchǎng de běibian.
❷ 故宫在广场的北边。

Shìzhèngfǔ qián shì yí gè guǎngchǎng.
❸ 市政府前是一个广场。

Jiàotáng zài jùchǎng yòumiàn.
❹ 教堂在剧场右面。

一、课文 Texto

Tiānshàng yǒu shénme?
（一）天上有什么？ 05-2

Jiǎ: Tiānshàng yǒu shénme?
甲：天上有什么？

Yǐ: Tiānshàng yǒu tàiyáng、 yuèliang hé xīngxing.
乙：天上有太阳、月亮和星星。

Jiǎ: Dìshang yǒu shénme?
甲：地上有什么？

Yǐ: Dìshang yǒu tiányě、qìchē、huǒchē.
乙：地上有田野、汽车、火车。

Jiǎ: Dìxià yǒu shénme?
甲：地下有什么？

Yǐ: Dìxià yǒu méitàn、jīn kuàng、yín kuàng、tiě kuàng hé tóng kuàng.
乙：地下有煤炭、金矿、银矿、铁矿和铜矿。

Jiǎ: Hǎi li yǒu shénme?
甲：海里有什么？

Yǐ: Hǎi li yǒu yú、xiā、hǎidài hé shānhú.
乙：海里有鱼、虾、海带和珊瑚。

生词 Vocabulario 05-3

1.	田野	（名）	tiányě	campo
2.	地下	（名）	dìxià	subterráneo
3.	煤炭	（名）	méitàn	carbón
4.	金	（名）	jīn	oro
5.	矿	（名）	kuàng	mina
6.	银	（名）	yín	plata

7.	铁	（名）	tiě	hierro
8.	铜	（名）	tóng	cobre
9.	海带	（名）	hǎidài	alga kombu
10.	珊瑚	（名）	shānhú	coral

Tiān'ān Mén Guǎngchǎng zài shénme dìfang?
（二）天安门　广场　在什么地方？ 05-4

Tiān'ān Mén Guǎngchǎng zài shì zhōngxīn.
天安门　广场　在市中心。

Gùgōng zài guǎngchǎng de běibian.
故宫在　广场　的北边。

Qián Mén zài guǎngchǎng de nánbian.
前　门在　广场　的南边。

Guójiā　Bówùguǎn　zài guǎngchǎng de dōngbian.
国家博物馆在　广场　的东边。

Rénmín　Dàhuìtáng　zài guǎngchǎng de　xībian.
人民大会堂在　广场　的西边。

Rénmín Yīngxióng　Jìniànbēi zài guǎngchǎng de zhōngjiān.
人民　英雄纪念碑在　广场　的中间。

Bādá　Lǐng Chángchéng zài　Běijīng　de　xīběibian.
八达岭　长城　在北京的西北边。

Zhōukǒudiàn zài　Běijīng　de　xīnánbian.
周口店在北京的西南边。

Yǐngshìchéng zài　Běijīng de dōngnánbù.
影视城　在北京的东南部。

Shísānlíng Shuǐkù zài Běijīng de xīběibù.
十三陵水库在北京的西北部。

Mìyún Shuǐkù zài Běijīng de dōngběibù.
密云水库在北京的东北部。

生词 Vocabulario 05-5

1.	中心	（名）	zhōngxīn	centro
2.	北边	（名）	běibian	norte
	边	（名）	biān	lado
3.	南边	（名）	nánbian	sur
4.	博物馆	（名）	bówùguǎn	museo
5.	东边	（名）	dōngbian	este
6.	西边	（名）	xībian	oeste
7.	中间	（名）	zhōngjiān	(en) medio (de)
8.	西北	（名）	xīběi	noroeste
9.	西南	（名）	xīnán	suroeste
10.	影视城	（名）	yǐngshìchéng	Ciudad del Cine
11.	东南	（名）	dōngnán	sudeste
12.	东北	（名）	dōngběi	noreste

专名 Nombre propio

1.	天安门广场	Tiān'ān Mén Guǎngchǎng	Plaza Tian'anmen
2.	故宫	Gùgōng	Palacio Imperial

3.	国家博物馆	Guójiā Bówùguǎn	Museo Nacional
4.	人民大会堂	Rénmín Dàhuìtáng	Gran Salón del Pueblo
5.	人民英雄纪念碑	Rénmín Yīngxióng Jìniànbēi	Monumento a los Heróes del Pueblo
6.	八达岭长城	Bādá Lǐng Chángchéng	Sector Badaling de la Gran Muralla
7.	周口店	Zhōukǒudiàn	(lugar donde habitó el Hombre de Pekín)
8.	十三陵水库	Shísānlíng Shuǐkù	Embalse de Shisanling
9.	密云水库	Mìyún Shuǐkù	Embalse de Miyun

Diànyǐngyuàn zài jùchǎng yòumiàn
（三）电影院 在剧场 右面 05-6

Shìzhèngfǔ qián shì yí gè guǎngchǎng.
市政府前是一个 广场。

Guǎngchǎng zhōngxīn yǒu yí gè pēnquán.
广场 中心有一个喷泉。

Huǒchēzhàn hòumiàn shì tíngchēchǎng.
火车站后面是停车场。

Dìxià tíngchēchǎng shàngbian yǒu gè huāyuán.
地下停车场 上边 有个花园。

Kāfēiguǎn zuǒbian shì bówùguǎn.
咖啡馆左边是博物馆。

Diànyǐngyuàn zài jùchǎng yòumiàn.
电影院 在剧场右面。

Lǐfàdiàn pángbiān yǒu yì jiā yàodiàn.
理发店旁边有一家药店。

Yínháng zài bàngōnglóu de èr céng.
银行在办公楼的二层。

Fúzhuāngdiàn fùjìn yǒu lǚguǎn.
服装店附近有旅馆。

Xǐshǒujiān zài dìxià yī céng.
洗手间在地下一层。

生词 Vocabulario 05-7

1.	剧场	（名）	jùchǎng	teatro, coliseo
2.	市政府	（名）	shìzhèngfǔ	ayuntamiento
3.	喷泉	（名）	pēnquán	fuente
4.	停车场	（名）	tíngchēchǎng	aparcamiento, estacionamiento
5.	咖啡馆	（名）	kāfēiguǎn	cafetería
6.	理发店	（名）	lǐfàdiàn	peluquería
7.	旁边	（名）	pángbiān	al lado
8.	药店	（名）	yàodiàn	farmacia
9.	办公楼	（名）	bàngōnglóu	edificio de oficinas
10.	层	（量）	céng	piso, planta
11.	服装店	（名）	fúzhuāngdiàn	tienda de ropa
12.	附近	（名）	fùjìn	cerca de
13.	旅馆	（名）	lǚguǎn	hotel
14.	洗手间	（名）	xǐshǒujiān	cuarto de baño, servicio, sanitario

二、语法 Gramática

1. 方位词　Términos para expresar la ubicación

汉语中表示方向和位置关系的名词叫方位词。方位词又可分为单纯方位词和合成方位词。

En chino los términos que expresan la ubicación se llaman palabras de ubicación, que contienen palabras de ubicación simples y compuestas.

（1）单纯方位词　Palabras de ubicación simples

单纯方位词是最基本的方位词，都是单音节的。

Las palabras de ubicación simples expresan las ubicaciones básicas y todas son palabras monosilábicas.

上	arriba
下	abajo
左	izquierda
右	derecha
前	delante
后	detrás
里	dentro
外	fuera
东	este
西	oeste
南	sur
北	norte
中	medio
旁	lado

（2）合成方位词

合成方位词是由单纯方位词加其他附加成分，如“边”“面”“头”“方”“部”等，构成的与单纯方位词意思相同的方位词。

Los términos de ubicación simples, unidos a palabras como “边”, “里”, “面”, “头” y otras, pueden formar compuestos del mismo significado que los simples.

上边	上方	上头	上部	上面
下边	下方	下头	下部	下面
左边	——	——	——	左面
右边	——	——	——	右面
前边	前方	前头	前部	前面
后边	后方	后头	后部	后面
里边	——	里头	——	里面
外边	——	外头	外部	外面
东边	——	——	——	东面
西边	——	——	——	西面
南边	——	——	——	南面
北边	——	——	——	北面
旁边	——	——	——	——

（3）单纯方位词和合成方位词都可以附着在其他词的后面组成表示处所的词或词组。

Tanto términos de ubicación simples como compuestos del mismo significado pueden colocarse antes y después de otras palabras para formar nuevos términos de ubicación.

名词 + 方位词 = 处所词

N + término de ubicación = expresiones de ubicación

地上	en la tierra
海里	en el mar

房前	delante de la casa
屋后	detrás de la casa
院子里边	en el patio
屋子后边	detrás de la casa

2. 存现句 Oración de existencia

本课出现的“有”字句、“是”字句、“在”字句都表示某处存在着某人或某物，是存现句的一种表达方式。例如：

Las oraciones con “有”, “是” y “在” en esta lección también se llaman oración de existencia. Obviamente, estas oraciones expresan la existencia de determinadas personas o cosas en algún lugar. Por ejemplo:

（1）理发店旁边有一个广场。

Al lado de la peluquería hay una plaza.

（2）火车站后面是停车场。

Detrás de la estación ferroviaria hay un aparcamiento.

（3）银行在办公楼的下面。

El banco está en la planta baja del edificio de oficinas.

三、汉西对比 Comparación

表示方向的合成方位词

汉语中表示方向的合成方位词与西班牙语的相应表达在词序上完全相反，西班牙语中的“sudeste”“suroeste”“nordeste”“noroeste”在汉语中要说成“东南”“西南”“东北”“西北”。同样，汉语中的“este-oeste”“sur-norte”和西班牙语中“este-oeste”“sur-norte”的排列顺序也完全不同。

Términos de ubicación con palabras compuestas

Los téminos de ubicación con palabras compuestas para expresar las direcciones son completamente distintos entre el chino y el español en el orden de palabras. En español se dice sudeste, suroeste, nordeste y noroeste, mientras que en chino se expresa como este-sur, oeste-sur, este-norte y oeste-norte. De la misma forma, en chino hay que decir este-oeste y sur-norte, y al revés en español.

四、汉字的偏旁 Radicales de los caracteres chinos

1. “钅”：金字旁　Radical “oro y metal”

tóng	cobre
铜	

yín	plata
银	

lǚ	aluminio
铝	

tiě	hierro
铁	

qiān	plomo
铅	丿 𠂉 𠂉 钅 钅 钅丿 钅几 钅几 铅 铅

zhēn	aguja
针	丿 𠂉 𠂉 钅 钅 钅一 针

dīng	clavo
钉	丿 𠂉 𠂉 钅 钅 钅一 钉

qián	dinero
钱	丿 𠂉 𠂉 钅 钅 钅一 钅二 钱 钱 钱

2. “火” 火字旁 Radical “fuego”

dēng	lámpara
灯	丶 丷 丷丿 火 火一 灯

yān	humo, cigarro
烟	丶 丷 丷丿 火 火丨 灯 炯 烟 烟 烟

kǎo	asar, tostar
烤	丶 丷 丷丿 火 火一 火十 灶 烤 烤 烤

lú	horno
炉	丶 丷 丷丿 火 火丶 火コ 火ヨ 炉

五、练习 Ejercicios

1. 诗歌朗诵 Recite el siguiente poema clásico 05-8

chì lè gē
敕勒歌

běi cháo mín gē
北朝民歌

chì lè chuān yīn shān xià
敕勒川，阴山下，

tiān sì qióng lú lǒng gài sì yě
天似穹庐，笼盖四野。

tiān cāng cāng yě máng máng
天苍苍，野茫茫，

fēng chuī cǎo dī xiàn niú yáng
风吹草低见牛羊。

2. 朗读下列词语并写出拼音　Lea en voz alta las siguientes palabras y escriba su pinyin

屋里 ________	屋外 ________
桌子上 ________	银行后边 ________
图书馆前面 ________	广场右面 ________
洗手间旁边 ________	车里 ________
市内 ________	市中心 ________

3. 朗读下列词语并写出拼音　Lea en voz alta las siguientes palabras y escriba su pinyin

Norte del Templo del Cielo	天坛北面	________
Sur del Templo de la Tierra	地坛南面	________
Este del Templo del Sol	日坛东边	________
Oeste del Templo de la Luna	月坛西边	________
Norte de la Puerta Qianmen	前门北边	________
Sur de la Plaza Tian’anmen	天安门南边	________

4. 将下列方位词翻译成西班牙文　Traduzca al español los siguientes términos de ubicación

东 ________	西 ________
南 ________	北 ________
东北 ________	东南 ________
西北 ________	西南 ________

5. 朗读句子并写出拼音　Lea en voz alta las siguientes palabras y escriba su pinyin

（1）日坛东边有电视台。 ________________

（2）天安门北边是故宫。 ________________

（3）前门在天安门南边。 ________________

6. 连词成句　Construya oraciones con las siguientes palabras

（1）一个　广场　市政府　前　是

____

（2）有　喷泉　一个　广场中心

____

（3）停车场　是　火车站　后面

____

（4）花园　个　停车场　上边　有

____

（5）咖啡馆　左边　博物馆　是

____

（6）剧场　电影院　右面　在

____

（7）药店　旁边　理发店　有

____

（8）下面　办公楼的　银行　在

____

（9）服装店　旅馆　上面　是

____

（10）酒吧　有　咖啡馆　附近

____

7. 回答下列问题　Conteste a las siguientes preguntas

（1）天安门广场中央有一座纪念碑，叫什么名字？

（2）北京市中心有一座皇宫，叫什么名字？

（3）八达岭长城在北京的哪边？

（4）周口店在北京的哪个方向？

（5）十三陵水库在什么地方？

8. 用课文里的方位词和学过的名词造 6 个“有”字句和 6 个“在”字句
Construya 6 oraciones con “有” y otras 6 con “在” usando los términos de ubicación aprendidos en el texto y otros ya estudiados

“有”字句

（1）______________________________

（2）______________________________

（3）______________________________

（4）______

（5）______

（6）______

"在"字句

（1）______

（2）______

（3）______

（4）______

（5）______

（6）______

9. 将下列句子翻译成汉语　Traduzca al chino las siguientes oraciones

（1）El coche está dentro del garaje.

______

（2）La bicicleta está fuera del garaje.

______

（3）El jardín está delante del hotel.

______

（4）El libro está sobre la mesa.

______

10. 主题会话　Conversación temática

请设计一张街道地图，上面要有博物馆、银行、药店、广场、图书馆等场所，然后两人一组，仿照课文进行对话。

Diseñe un mapa con museos, bancos, farmacias, plazas, bibliotecas, etc., y luego en grupos de dos, entablen un diálogo imitando el ejemplo del texto.

六、汉西对照阅读　Lea los siguientes textos chino-español

汉语和西班牙语中的方位词
Los términos de ubicación en chino y español

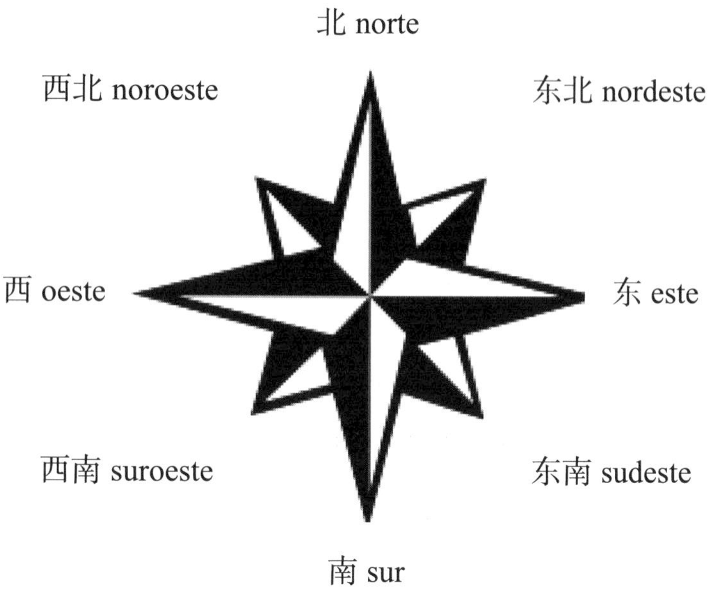

七、知识拓展 Ampliación del conocimiento

北京有名的地方 Lugares famosos de Beijing

八达岭长城	Bādá Lǐng Chángchéng
地坛	Dì Tán
故宫	Gùgōng
国家博物馆	Guójiā Bówùguǎn
密云水库	Mìyún Shuǐkù
前门	Qián Mén
人民大会堂	Rénmín Dàhuìtáng
人民英雄纪念碑	Rénmín Yīngxióng Jìniànbēi
日坛	Rì Tán
十三陵水库	Shísānlíng Shuǐkù
世纪坛	Shìjì Tán
天安门	Tiān’ān Mén
天坛	Tiān Tán
王府井	Wángfǔjǐng
玉渊潭公园	Yùyuāntán Gōngyuán
月坛	Yuè Tán

第六课 亭台六七座

Lección 6 Paisaje a la vista

关键句 Frases clave 06-1

Qǐng nǐ děng wǒ yíhuìr.
❶ 请你等我一会儿。

Èrshí lái fēnzhōng ba.
❷ 20 来分钟吧。

Wǒ zuì duō děng nǐ èrshí fēnzhōng.
❸ 我最多等你 20 分钟。

Wǒ zhìshǎo yě yào èrshíwǔ fēnzhōng.
❹ 我至少也要 25 分钟。

一、课文 Texto

Tíng tái liù qī zuò
（一）亭台六七座 06-2

shān cūn yǒng huái
山村咏怀

[běi sòng] shào yōng
[北宋] 邵 雍

yí qù èr sān lǐ
一去二三里，

yān cūn sì wǔ jiā
烟村四五家。

tíng tái liù qī zuò
亭台六七座，

bā jiǔ shí zhī huā
八九十枝花。

生词 Vocabulario 06-3

1.	亭	（名）	tíng	quiosco
2.	座	（量）	zuò	clasificador para construcciones, montañas, etc.
3.	去	（动）	qù	ir
4.	烟	（名）	yān	humo de cocina
5.	村（子）	（名）	cūn (zi)	pueblo, aldea
6.	花	（名）	huā	flor; planta decorativa

Qǐng nǐ děng wǒ yíhuìr
（二）请你等我一会儿 06-4

Jiǎ: Duìbuqǐ! Qǐng nǐ děng wǒ yíhuìr. Wǒ mǎshàng jiù lái.
甲：对不起！请你等我一会儿。我马上就来。

Yǐ: Dàgài yào duō cháng shíjiān?
乙：大概要多长时间？

Jiǎ: Èrshí lái fēnzhōng ba.
甲：20来分钟吧。

Yǐ: Nǐ kuài diǎnr, chāoguò èrshí fēnzhōng, wǒ kě jiù zǒu le.
乙：你快点儿，超过20分钟，我可就走了。

Jiǎ: Bié! Bié! Bié! Nàixīn diǎnr hǎo ma?
甲：别！别！别！耐心点儿好吗？

Yǐ: Wǒ zuì duō děng nǐ èrshí fēnzhōng.
乙：我最多等你20分钟。

Jiǎ: Qiú nǐ le!
甲：求你了！

Yǐ: Hǎo ba, bàn xiǎoshí gòu le ba? Zhuājǐn diǎnr.
乙：好吧，半小时够了吧？抓紧点儿。

Jiǎ: Wǒ zhìshǎo yě yào èrshíwǔ fēnzhōng.
甲：我至少也要25分钟。

Yǐ: Bié móceng.
乙：别磨蹭。

Jiǎ: Rúguǒ guòle èrshíwǔ fēnzhōng wǒ hái bù chūlái, nǐ jiù tíxǐng wǒ yíxià.
甲：如果过了25分钟我还不出来，你就提醒我一下。

Yǐ: Zěnme tíxǐng nǐ? Duǎnxìn?
乙：怎么提醒你？短信？

Jiǎ: Nǐ yòng Wēixìn yǔyīn tōnghuà, líng xiǎng wǒ bù jiē jiù hǎo le.
甲：你用微信语音通话，铃响我不接就好了。

Yǐ: Hǎo ba, nǐ kuài qù ba.
乙：好吧，你快去吧。

生词 Vocabulario 06-5

1.	等	（动）	děng	esperar
2.	一会儿		yíhuìr	un rato
3.	快	（形）	kuài	rápido
4.	超过	（动）	chāoguò	pasar de, exceder
5.	走	（动）	zǒu	marcharse

6.	耐心	（形）	nàixīn	paciencia
7.	最多		zuì duō	a lo máximo
8.	求	（动）	qiú	suplicar
9.	够	（动）	gòu	suficiente
10.	抓紧		zhuā//jǐn	darse prisa
11.	至少	（副）	zhìshǎo	a lo mínimo
12.	磨蹭	（动）	móceng	ser moroso
13.	提醒	（动）	tíxǐng	decir, recordar
14.	下	（量）	xià	clasificador verbal

专名 Nombre propio

微信	Wēixìn	Wechat

注释 Notas

❶ **你快点儿，超过20分钟，我可就走了。**

Date prisa, si pasan más de 20 minutos, me iré.

“可”是副词，用在动词或形容词前面表示强调、感叹语气。如：

“可” es un adverbio, utilizado para expresar un énfasis o tono de exclamación antes de un verbo o adjetivo. Por ejemplo:

我哥哥可忙了。

可放假了。

二、语法 Gramática

1. 概数表示法 Formas de expresar la aproximación de números

（1）用“上下”“左右”“多”“来”表示概数。

“上下”, “左右”, “多”, “来” colocados después de cifras, expresan una cifra aproximada

二十个左右	三十年左右	十人左右
二十个上下	三十年上下	十人上下
二十多个	三十多年	十多人
二十来个	三十来年	十来人

1）他妈妈五十岁左右。 Su mamá tiene alrededor de 50 años.

2）他爸爸六十岁上下。 Su papá tiene alrededor de 60 años.

3）我爷爷九十多岁了。 Mi abuelo tiene más de 90 años.

4）我们班有五十来人。 En mi grupo hay alrededor de 50 personas.

注意：表示概数的短语中有量词时，量词要放在“左右”“上下”的前面，“多”“来”的后面。

Nota: Cuando hay clasificadores en una frase con palabras que expresan la aproximación de números, los clasificadores tienen que colocarse delante de “左右” y “上下”, y detrás de “多” y “来”.

（2）除九和十以外，相邻的两个数字连着说可以表示概数。

Excepto “九” y “十”, dos números próximos, dichos uno tras otro, significan un número aproximado.

1）她十七八岁。 Ella tiene 17 o 18 años.

2）他有二十五六万欧元。 Él tiene 250 o 260 mil euros.

3）我叫了三四回了。　He llamado tres o cuatro veces.

4）我看了两三遍了。　Lo he leído dos o tres veces.

（3）用“几”表示概数。

Usar “几” para expresar la aproximación de números.

几本书　　几十个人　　几百台电脑

几千个人　　几万部手机

2. 补语（1） Complemento (1)

补语用来补充说明谓语的结果、趋向、状态、程度、时间、可能性等。本课我们介绍时量补语和动量补语。

Los complementos de la lengua china son muy diferentes de los complementos (circunstanciales) del español, y se usan para completar el predicado, expresando su resultado, dirección, estado, grado, tiempo y posibilidad. En esta lección trataremos de los complementos de tiempo y el de clasificador verbal.

（1）时量补语　Complementos de tiempo

时量补语用在动词后，说明一个动作或一种状态持续多长时间。

El complemento de tiempo sirve para denotar el tiempo que dura una acción o un estado.

1）请你等我一会儿！　¡Espérame un momento, por favor!

2）超过 20 分钟，我就走。　Me marcharé después de 20 minutos.

3）我最多等你 20 分钟。　Te espero 20 minutos a lo máximo.

4）他出国已经两年了。　Hace dos años que se fue al extranjero.

5）他走了一个小时了。　Se ha ido hace una hora.

6）他（看）书看了一天。= 他看了一天书。

Leyó el libro todo el día.

7）他（学）汉语学了三年。= 他学了三年汉语。

Él lleva tres años estudiando chino.

（2）动量补语　Complemento clasificador verbal

表示动作行为次数的量词，如“下 / 次 / 回 / 趟 / 遍”，可以充当动量补语。动量补语放在动词之后。

Los clasificadores verbales que expresan el número de veces que se realiza un movimiento o acción pueden servir como complemento y se ponen después del verbo y objeto. Como “下/次/回/趟/遍”.

1）你提醒我一下。　¡Apresúrame!（una vez）

2）A：他去了多少次北京了？　¿Cuántas veces ha ido a Beijing?

B：他去了七八次了。　Él ha ido siete u ocho veces a Beijing.

3）A：你叫他多少回了？　¿Cuántas veces le has llamado?

B：我叫他三四回了。　Le he llamado 3 ó 4 veces.

4）A：这些字你写了多少遍了？　¿Cuántas veces ha escrito estos caracteres?

B：我写了很多遍了。　Los he escrito muchas veces.

3.（一）点儿　Un poco

（1）“v +（一）点儿 + n” 表示数量少

“v +（一）点儿 + n” significa un número pequeño

1）桌子上有（一）点儿水。

2）我想吃（一）点儿面包。

（2）“adj +（一）点儿” 表示程度轻

“adj +（一）点儿” indica un grado leve

1）高兴（一）点儿。

2）请快（一）点儿。

4. 如果……，就……　Si...

“如果”所在的分句表示假设，“就”所在的分句表示结果。

La oración “如果” representa la suposición, y la oración con “就” representa el resultado.

（1）如果过了 25 分钟我还不出来，你就提醒我一下。

（2）如果明天放假，我就去故宫。

（3）如果有问题，你就问老师。

三、汉西对比 Comparación

汉语中数字的寓意

中国人认为偶数吉祥，往往选择偶数的日子作为结婚、庆典、企业开张的日子。婚礼上人们则用大红双喜字表示双喜临门。

中国古代常用“九”表示最大、最高，所以把天空的最高处叫作“九天”“九霄”。古代皇帝地位最高，故宫的柱子、椅子、台阶等许多和皇帝有关的东西都刻有九条龙。北海公园里的影壁叫“九龙壁”。天安门城门上的门钉也是九行九列，共 81 个。

Insinuaciones de algunas cifras

En chino, los números pares representan la buena suerte, y por esta razón, la gente prefiere seleccionar este tipo de números para decidir días de fiesta, boda o apertura de negocios. En las bodas, la gente suele usar grandes letras rojas con el significado de “doble felicidad” para desear un buen futuro.

En la cultura china, el número 9 tiene una posición muy especial, que representa lo supremo, lo más elevado o lo absoluto, por lo cual, los chinos califican el grado de altura del cielo como “Noveno Cielo”. Los emperadores antiguos tomaban el número 9 como el poder absoluto, ordenaron adornar las construcciones imperiales con nueve dragones. El Muro de la Sombra del Palacio de Invierno de Beijing se llama “Muro de Nueve dragones”. Lo mismo ocurre con los clavos puestos en la Puerta de Tian’anmen, que en total hay 81 clavos, son un múltiplo de nueve.

四、汉字的偏旁 Radicales de los caracteres chinos

1. “艹”：草字头　Radical “hierba”

yào	medicina
药	一 十 艹 艹𠃋 艺 艺丶 艺丶丶 药 药

jié	nudo de bambú
节	一 十 艹 艹㇆ 节

fēn	fragancia
芬	一 十 艹 艹丿 艹八 艹八㇆ 芬

kǔ	amargo
苦	一 十 艹 艹一 艹十 艹十丨 艹十㇕ 苦

miáo	brote
苗	一 十 艹 艹丨 艹𠃍 艹冂一 艹田 苗

huā	flor
花	一 十 艹 艹丿 艹亻 艹亻丿 花

fāng	aroma
芳	一 十 廾 艹 芏 芀 芳

cǎo	hierba
草	一 十 廾 艹 节 芇 苩 荁 草

2. "⺮"：竹字头　Radical "bambú"

jiǎn	simple
简	㇒ 𠂉 𥫗 ⺮ ⺮ ⺮ ⺮ 简 简 简 简 简 简

qiān	firmar
签	㇒ 𠂉 𥫗 ⺮ ⺮ ⺮ 签 签 签 签 签 签 签

dí	flauta
笛	㇒ 𠂉 𥫗 ⺮ ⺮ ⺮ 笛 笛 笛 笛 笛

kuāng	cesta
筐	㇒ 𠂉 𥫗 ⺮ ⺮ ⺮ 筐 筐 筐 筐 筐 筐

bǐ	pincel
笔	㇒ 𠂉 𥫗 ⺮ ⺮ ⺮ 笔 笔 笔 笔

dá	contestar
答	㇒ 𠂉 𥫗 ⺮ ⺮ ⺮ 答 答 答 答 答 答

bèn	tonto
笨	㇒ 𠂉 𥫗 ⺮ ⺮ ⺮ 竺 竿 笨 笨 笨

五、练习 Ejercicios

1. 朗读歌谣　Lea en voz alta la siguiente copla

香蕉

葡萄

苹果

柿子

栗子

李子

梨

pái pái zuò　chī guǒ guǒ
排排坐，吃果果，

nǐ yí gè　wǒ yí gè
你一个，我一个。

yī　èr　sān　sì　wǔ　liù　qī
一、二、三、四、五、六、七，

qī　liù　wǔ　sì　sān　èr　yī
七、六、五、四、三、二、一。

qī kē　shù shang qī　zhǒng　guǒ
七棵树上七种果，

pú tao　xiāng jiāo　píng guǒ　shì zi　lì zi　lǐ zi　lí
葡萄、香蕉、苹果、柿子、栗子、李子、梨。

2. 找出下面古诗中的概数　Localice los términos que expresan la aproximación de números en el siguiente poema clásico

山村咏怀

[北宋] 邵雍

一去二三里，
烟村四五家。
亭台六七座，
八九十枝花。

3. 用概数回答下列问题　Conteste a las siguientes preguntas con los términos que expresan la aproximación de números

（1）A：你们班有几个老师？

B：大概＿＿＿＿＿＿＿＿吧。（四五个）

（2）A：他们班有多少学生？

B：＿＿＿＿＿＿＿＿吧。（三十来个）

（3）A：你们班有多少男生？

B：＿＿＿＿＿＿＿＿吧。（二十多个）

（4）A：她女儿多大了？

B：＿＿＿＿＿＿＿＿。（八九岁）

（5）A：他学了多长时间汉语了？

B：＿＿＿＿＿＿＿＿。（四五年）

（6）A：他几点下课？

B：＿＿＿＿＿＿＿＿。（五六点）

4. 找出下列句子中的动词、时量补语或动量补语 Localice en las frases siguientes los verbos, los complementos de tiempo y los complementos clasificadores verbales

例：请你看两遍！ ___看___（动） ___两遍___（动量）

请你等一会儿！ ___等___（动） ___一会儿___（时量）

（1）他出国已经两年了。 _____（ ） _______（ ）

（2）你提醒我一下。 _____（ ） _______（ ）

（3）他走了一个小时了。 _____（ ） _______（ ）

（4）他们去了七八次了。 _____（ ） _______（ ）

（5）我叫了三四回了。 _____（ ） _______（ ）

（6）我看了两三遍了。 _____（ ） _______（ ）

（7）妈妈一天给我打六七个电话。 _____（ ） _______（ ）

（8）她每天扫三四回地。 _____（ ） _______（ ）

5. 用括号里的词语完成句子

Complete las oraciones con las palabras entre paréntesis

（1）A：如果明天放假，你想做什么？

B：______________________。（如果……，就……）

（2）A：你来中国多长时间了？

B：______________________。（大概、三四个月）

（3）A：萨拉想吃什么？

B：______________________。（一点儿）

（4）A：他写了几遍汉字？

B：______________________。（三遍）

（5）A：你们看了多长时间电影？

B：________________________。（一个半小时）

6. 将下列句子翻译成汉语并回答相应的问题

Traduzca al chino las siguientes preguntas y contéstelas en chino

（1）¿Qué día es hoy?

____

____

（2）¿Qué hora es?

____

____

（3）¿A qué hora es la clase?

____

____

（4）¿Cuántos días tiene una semana y cuáles son los días de la semana?

____

____

（5）¿Cuántos meses tiene un año y cuáles son los meses del año?

____

____

（6）¿Cuándo es su aniversario de boda?

____

____

（7）¿Cuándo es tu cumpleaños?

7. 将下列句子翻译成西班牙语 Traduzca al español las siguientes oraciones

（1）他爸爸六十岁上下。

（2）他爷爷九十多岁。

（3）他是六七岁上学的。

（4）我哥哥学汉语学了四五个月。

（5）他放了三四天假。

（6）她家有八九口人。

（7）如果你去故宫，我就去。

（8）你想吃一点儿面包吗？

8. 造句　Construya oraciones

（1）写 3 个有时量补语的句子。Escriba 3 oraciones con complemento de tiempo.

____

____

____

（2）写 3 个有动量补语的句子。 Escriba 3 oraciones con complemento clasificador verbal.

____

____

____

（3）写 3 个有概数的句子。Escribe 3 oraciones con términos que expresan la aproximación de números

____

____

____

9. 主题会话　Conversación temática

两人一组，想象一个场景：你和同学约好去看电影，但去之前你要先去上课，所以你打电话请同学等你一会儿。请仿照课文《请你等我一会儿》设计一段对话。

En parejas, imaginen una escena, su compañero y usted vais al cine. Pero antes de ir allí, debe ir a clase, por lo que lo llama usted para que le espere un momento. Entablen un diálogo imitando el diálogo del texto “Por favor, espérame un momento”.

第七课 生日快乐

Lección 7 Feliz cumpleaños

关键句 Frases clave 07-1

Wǒ bìxū qù.
1. 我必须去。

Wǒ yě děi qù, tā māma shì wǒ de fángdōng.
2. 我也得去，她妈妈是我的房东。

Wǒ bù néng bú qù.
3. 我不能不去。

Nǐ yīnggāi qù.
4. 你应该去。

Wǒ huì qù de.
5. 我会去的。

Jiānglái nǐ xiǎng zuò shénme?
6. 将来你想做什么？

一、课文 Texto

Lāměi shàonǚ de shíwǔ suì shēngrì
拉美少女的十五岁生日 07-2

(Shēngrì wǎnhuì de qián yì tiān)
（生日 晚会 的 前 一天）

Hésài: Míngtiān shì Yènī shíwǔ suì de shēngrì. Nǐ qù ma?
何 塞：明天 是叶妮十五岁的生日。你去吗？

Nánxī: Wǒ bìxū qù. Wǒ shì shēngrì wǎnhuì de zhǔchírén.
南 希：我必须去。我是生日晚会的主持人。

Wáng Méi: Wǒ yě děi qù, tā māma shì wǒ de fángdōng.
王 玫：我也得去，她妈妈是我的房东。

Hésài: Yènī shì wǒ de nǚpéngyou. Wǒ bù néng bú qù.
何 塞：叶妮是我的女朋友。我不能不去。

Nánxī: Nǐ yīnggāi qù. Yàobù tā gāi shēngqì le.
南 希：你应该去。要不她该生气了。

Hésài: Nà dào shì. Wǒ hái yào gěi tā pāizhào ne!
何 塞：那倒是。我还要给她拍照呢！

Nánxī: Xià gè yuè shíwǔ hào shì wǒ nǎinai bāshíwǔ suì de shēngrì, dào shí huānyíng guānglín.
南 希：下个月 15 号是我奶奶八十五岁的生日，到时欢迎光临。

Hésài: Dāngrán, wǒ huì qù de, wǒ xiǎng dāngmiàn xiàng tā lǎorenjia zhùhè. Nǐ kàn, Yènī lái le. Yènī, shēngrì kuàilè!
何 塞：当然，我会去的，我想 当面 向 她老人家祝贺。你看，叶妮来了。叶妮，生日快乐！

Nánxī: Zhù nǐ shēngrì kuàilè!
南 希：祝你生日快乐！

Wáng Méi: Yènī, shēngrì kuàilè!
王 玫：叶妮，生日快乐！

Yènī: Xièxie nǐmen! Huānyíng nǐmen míngtiān cānjiā wǒ de shēngrì wǎnhuì!
叶 妮：谢谢你们！欢迎 你们 明天 参加我的生日晚会！

Wáng Méi: Tīngshuō nǐmen guójiā nǚháizi de shíwǔ suì shēngrì tèbié zhòngyào.
王 玫：听说 你们国家女孩子的十五岁 生日特别重要。

Yènī: Shì de! Měi gè jiāzhǎng dōu yào wèi zìjǐ de nǚ'ér jǔxíng shēngrì wǎnhuì,
叶　妮：是的！每个家长都要为自己的女儿举行生日晚会，

xīwàng nà yì tiān nǚ'ér xiàng tiānshǐ yíyàng xìngfú、 měilì、 kuàilè!
希望那一天女儿像天使一样幸福、美丽、快乐！

Cóng nà yì tiān qǐ, nǚ'ér jiù kěyǐ dúlì zǒuxiàng shèhuì, zhǎo zìjǐ de
从那一天起，女儿就可以独立走向社会，找自己的

xīnshàngrén, jiāzhǎng bú huì zài guǎn le.
心上人，家长不会再管了。

Wáng Méi: Yènī, jiānglái nǐ xiǎng zuò shénme?
王　玫：叶妮，将来你想做什么？

Yènī: Cóngqián wǒ xiǎng dāng lǎoshī, hòulái wǒ yòu xiǎng dāng yīshēng, zuìjìn wǒ
叶　妮：从前我想当老师，后来我又想当医生，最近我

xiǎng dāng gēshǒu. Bù zhīdào jīnhòu wǒ hái xiǎng dāng shénme. Shuōbudìng
想当歌手。不知道今后我还想当什么。说不定

wǒ xiǎng zuò kēxuéjiā、 zuò bùzhǎng、 zuò jiāngjūn ne!
我想做科学家、做部长、做将军呢！

Wáng Méi: Bié kāi wánxiào le. Nǐ de shēngrì wǎnhuì jǐ diǎn kāishǐ? Dàgài xūyào
王　玫：别开玩笑了。你的生日晚会几点开始？大概需要

duō cháng shíjiān?
多长时间？

Yènī: Qī diǎn bàn kāishǐ, dàgài xūyào sān gè duō xiǎoshí. Nǐ de shēngrì shì
叶　妮：7点半开始，大概需要三个多小时。你的生日是

nǎ tiān?
哪天？

Wáng Méi: Wǒ de shēngrì shì nónglì Làyuè chūbā. Wǒ shǔ hǔ.
王　玫：我的生日是农历腊月初八。我属虎。

Yènī: Wǒ bù dǒng. Qǐng shuō yánglì jǐ yuè jǐ hào.
叶　妮：我不懂。请说阳历几月几号。

Wáng Méi: Wǒ de shēngrì shì yánglì Yīyuè shí hào. Nǐmen dōu shǔ shénme?
王　玫：我的生日是阳历1月10号。你们都属什么？

Hésài: Wǒ shì Báiyáng Zuò. Sānyuè èrshíyī rì shì wǒ de shēngrì.
何 塞：我是白羊座。3月21日是我的生日。

Nánxī: Wǒ shì Jīnniú Zuò. Wǔyuè shíliù hào shì wǒ de shēngrì.
南 希：我是金牛座。5月16号是我的生日。

Yènī: Wǒ shì Shīzi Zuò. Bāyuè liù hào shì wǒ de shēngrì.
叶 妮：我是狮子座。8月6号是我的生日。

Wáng Méi: Ō, nǐmen shuō de shì xīngzuò, wǒmen guójiā yòng shí'èr zhǒng dòngwù de míngchēng lái shuō měi gè rén de shǔxiàng. (Zǐ) shǔ、(chǒu) niú、(yín) hǔ、(mǎo) tù、(chén) lóng、(sì) shé、(wǔ) mǎ、(wèi) yáng、(shēn) hóu、(yǒu) jī、(xū) gǒu、(hài) zhū.
王 玫：噢，你们说的是星座，我们国家用十二种动物的名称来说每个人的属相。（子）鼠、（丑）牛、（寅）虎、（卯）兔、（辰）龙、（巳）蛇、（午）马、（未）羊、（申）猴、（酉）鸡、（戌）狗、（亥）猪。

Hésài: Nǐ shuō shénme ne? Wǒmen yìdiǎnr dōu bù dǒng.
何 塞：你说什么呢？我们一点儿都不懂。

Wáng Méi: Zhè shì shí'èr shēngxiào. Xiànzài bù dǒng méi guānxi, jīnhòu mànmàn jiù dǒng le.
王 玫：这是十二生肖。现在不懂没关系，今后慢慢就懂了。

生词 Vocabulario 07-3

1.	晚会	（名）	wǎnhuì	velada
2.	必须	（副）	bìxū	tener que
3.	主持人	（名）	zhǔchírén	presentador, ra
4.	房东	（名）	fángdōng	dueño de casa, casera, ra
5.	光临	（动）	guānglín	honrar con la presencia

6.	会	（助动）	huì	saber, tener la capacidad
7.	当面	（副）	dāngmiàn	personalmente, cara a cara
8.	祝贺	（动）	zhùhè	felicitar
9.	参加	（动）	cānjiā	participar
10.	重要	（形）	zhòngyào	importante
11.	自己	（代）	zìjǐ	(a uno) mismo/a
12.	举行	（动）	jǔxíng	celebrar, organizar
13.	希望	（动）	xīwàng	esperar
14.	像	（动）	xiàng	como
15.	天使	（名）	tiānshǐ	ángel
16.	美丽	（形）	měilì	bonito
17.	独立	（动）	dúlì	ser independiente
18.	社会	（名）	shèhuì	sociedad
19.	再	（副）	zài	otra vez, de nuevo
20.	将来	（名）	jiānglái	futuro
21.	从前	（名）	cóngqián	antes
22.	当	（动）	dāng	ser, trabajar como
23.	后来	（名）	hòulái	después
24.	又	（副）	yòu	volver a, otra vez
25.	最近	（名）	zuìjìn	reciente
26.	歌手	（名）	gēshǒu	cantante
27.	今后	（名）	jīnhòu	en adelante
28.	科学家	（名）	kēxuéjiā	científico, ca
29.	部长	（名）	bùzhǎng	ministro, tra
30.	将军	（名）	jiāngjūn	general

31. 属	（动）	shǔ	ser (horóscopo chino)
32. 懂	（动）	dǒng	entender, comprender
33. 星座	（名）	xīngzuò	constelación

专名 Nombre propio

1.	叶妮	Yènī	Jenny
2.	南希	Nánxī	Nancy
3.	王玫	Wáng Méi	Wang Mei
4.	腊月	Làyuè	diciembre del calendario lunar
5.	白羊座	Báiyáng Zuò	Aries
6.	金牛座	Jīnniú Zuò	Tauro
7.	狮子座	Shīzi Zuò	Leo

注释 Notas

❶ 要不她该生气了。 O de lo contrario se enojaría.

“要不”是连词，表示“如果不这样的话，否则”，后面引出表假设的结果。如：

“要不” es una conjunción que significa “si no”, seguida del resultado de la suposición, como:

我们打车吧，要不没时间了。

❷ 那倒是。 Así es.

“倒”是副词，用在动词或形容词前，表示舒缓语气。不用“倒”，语气较强。如：

“倒” es un adverbio utilizado delante de un verbo o adjetivo para indicar un tono calmante. No se debe usar “倒”, con un tono fuerte. Como:

——你姐姐很美丽。

——那倒是。

❸ **像天使一样幸福、美丽、快乐** Tan feliz, hermoso y alegre como un ángel.

"像 + n + 一样 +adj" 表示比较的两者之间有共同点。如：

"像 + n + 一样 + adj" significa que hay algo en común entre las dos cosas a comparar. Como:

他像他哥哥一样忙。

❹ **说不定** Quizás

"说不定" 有 "不一定、也许" 的意思，表示猜测。如：

"说不定" a veces significa "no necesariamente, tal vez" para indicar especulación. Como:

说不定他今天来。

二、语法 Gramática

助动词 Verbos auxiliares

助动词用在动词（或形容词）之前，表示愿望、可能性、有能力做某事等。它们的否定形式用 "不 + 助动词" 表示（"得" 的否定形式常用 "不能"），助动词后不能带动态助词 "着" "了" "过"。

Un verbo auxiliar se usa antes de un verbo (o adjetivo) para expresar deseo, posibilidad, habilidad, etc. Sus formas negativas se usan a menudo en forma de "不 + 助动词" ("得" su forma negativa que es a menudo "不能"), y no pueden llevar partículas verbales como "着", "了", "过".

（1）应该，得　Tener la obligación de hacer algo

1）我们应该祝叶妮生日快乐。　Debemos desearle a Jenny un feliz cumpleaños.

2）你不应该去博物馆。　No debes ir al museo.

3）我得走了。　Tengo que marcharme.

（2）想，要，愿意 Expresar deseo

1）她想回家。	Ella quiere volver a casa.
2）我想去北京。	Deseo ir a Bejing.
3）你想去北京吗？	¿Quieres ir a Beijing?
4）你想不想学汉语？	¿Quieres aprender chino?
5）他要住在马德里。	Él quiere vivir en Madrid.
6）一定不要告诉他。	No se lo digas a él.
7）她愿意去西藏。	Ella desea ir al Tíbet.
8）你不愿意去四川吗？	¿No quieres ir a Sichuan?
9）你愿意不愿意去四川？	¿Te gustaría ir a Sichuan?

（3）能（够） Expresar capacidad

1）她们能跑十公里。	Ellas pueden correr 10 km.
2）我们能唱这首歌。	Nosotros sabemos cantar esta canción.
3）我们能（够）帮助你。	Nosotros podemos ayudarte.
4）她能用左手写字。	Ella puede escribir con la mano izquierda.

（4）会 Expresar una habilidad adquirida a través del aprendizaje

1）她不会游泳，我不会滑冰。	Ella no sabe nadar. Yo no sé patinar.
2）他弟弟会说德语。	Su hermano menor sabe hablar alemán.
3）你们会说汉语吗？	¿Ustedes saben hablar chino?
4）我们不会说法语。	Nosotros no sabemos hablar francés.
5）我们会说俄语。	Nosotros sabemos hablar ruso.
6）他们会不会说西班牙语？	¿Saben hablar español ellos?

三、汉西对比 Comparación

十二属相和十二星座

中国人除了使用世界通用的阳历纪年外，还使用自己传统的农历纪年。当你问中国人“你的生日是几月几号”时，他常常会问你问的是农历还是阳历。当问别人的年龄时，中国人往往会问“你属什么”。中国有十二个属相，这十二个属相的名称是由十二地支加十二种动物名称组成的。十二属相按年计算，每十二年为一个轮回。因此，人的属相一生不变，年龄相差十二岁的人拥有同一个属相。西方的星座是按月份计算的。

Horóscopos chinos y constelaciones

Además del calendario solar, usado ampliamente en el resto del mundo, los chinos también utilizamos el tradicional calendario lunar. Cuando preguntas a alguien: “¿En qué día naciste?”, este generalmente te pregunta: “¿Del calendario solar o del lunar?” Cuando se pregunta por la edad, se suele preguntar: “¿De qué animal eres?” y los chinos tienen por costumbre recurrir a los nombres de los doce animales (que componen el calendario y el horóscopo) para expresar su edad, pues es algo que no cambia en toda su vida. Las personas que se llevan doce años de diferencia en edad, pertenecen al mismo animal. A menudo se dice : “Soy dos ciclos menor que tú”. El horóscopo chino se calcula por doce años como una ronda y la constelación se realiza por cada mes.

中国人的属相

十二地支	十二种动物	属相名称
子 (zǐ)	鼠 (shǔ)	子鼠 ratón
丑 (chǒu)	牛 (niú)	丑牛 buey
寅 (yín)	虎 (hǔ)	寅虎 tigre

（续表）

十二地支	十二种动物	属相名称
卯 (mǎo)	兔 (tù)	卯兔 liebre, conejo
辰 (chén)	龙 (lóng)	辰龙 dragón
巳 (sì)	蛇 (shé)	巳蛇 serpiente
午 (wǔ)	马 (mǎ)	午马 caballo
未 (wèi)	羊 (yáng)	未羊 oveja, cordero
申 (shēn)	猴 (hóu)	申猴 mono
酉 (yǒu)	鸡 (jī)	酉鸡 gallo
戌 (xū)	狗 (gǒu)	戌狗 perro
亥 (hài)	猪 (zhū)	亥猪 cerdo

注释 Notas

十二地支是子、丑、寅、卯、辰、巳、午、未、申、酉、戌、亥的总称，传统上用来表示次序。

Las doce Ramas Terrestres son "子、丑、寅、卯、辰、巳、午、未、申、酉、戌、亥". Tradicionalmente también se usan como signos de un orden o sucesión.

十二星座

白羊座	（Báiyáng Zuò）	3月21日—4月19日
金牛座	（Jīnniú Zuò）	4月20日—5月20日
双子座	（Shuāngzǐ Zuò）	5月21日—6月21日
巨蟹座	（Jùxiè Zuò）	6月22日—7月22日
狮子座	（ShīZi Zuò）	7月23日—8月22日
处女座	（Chǔnǚ Zuò）	8月23日—9月22日
天秤座	（Tiānchèng Zuò）	9月23日—10月23日
天蝎座	（Tiānxiē Zuò）	10月24日—11月22日
射手座	（Shèshǒu Zuò）	11月23日—12月21日
摩羯座	（Mójié Zuò）	12月22日—1月19日
水瓶座	（Shuǐpíng Zuò）	1月20日—2月18日
双鱼座	（Shuāngyú Zuò）	2月19日—3月20日

四、汉字的偏旁 Radicales de los caracteres chinos

"犭": 犬字旁　Radical "perro y animal"

liè	猎	caza
māo	猫	gato
láng	狼	lobo
gǒu	狗	perro
zhū	猪	cerdo

五、练习 Ejercicios

1. 朗读下列句子　Lea las siguientes oraciones en voz alta

（1）我想当老师。　Wǒ xiǎng dāng lǎoshī.

（2）我不想当医生。　Wǒ bù xiǎng dāng yīshēng.

（3）他能当歌手。 Tā néng dāng gēshǒu.

（4）他不能当医生。 Tā bù néng dāng yīshēng.

（5）我应该当科学家。 Wǒ yīnggāi dāng kēxuéjiā.

（6）我不应该当将军。 Wǒ bù yīnggāi dāng jiāngjūn.

（7）我要当医生。 Wǒ yào dāng yīshēng.

（8）我不愿意当老师。 Wǒ bú yuànyì dāng lǎoshī.

2. 用助动词“能”“想”“会”“得”填空 Rellene los siguientes espacios en blanco con los verbos auxiliares: “能”, “想”, “会” y “得”

（1）星期日他________在家里学习。

（2）明天我________去书店。

（3）下午我不________去医院。

（4）我________唱歌，不________跳舞。

（5）我们________走了。

3. 替换练习 Ejercicios de sustitución

（1）A：你应该看棒球赛。

B：不，我要看足球赛！

棒球赛	bàngqiúsài	partido de béisbol
足球赛	zúqiúsài	partido de fútbol
篮球赛	lánqiúsài	partido de baloncesto
手球赛	shǒuqiúsài	partido de balonmano
高尔夫球赛	gāo'ěrfūqiúsài	competición de golf
自行车比赛	zìxíngchē bǐsài	carrera ciclista
斗牛	dòuniú	corrida de toros
奔牛	bēnniú	encierro de toros

（2）A：生日晚会开始多长时间了？

B：生日晚会开始十多分钟了。

生日晚会	shēngrì wǎnhuì	velada de cumpleaños
会议	huìyì	reunión
讲座	jiǎngzuò	conferencia
宴会	yànhuì	banquete
招待会	zhāodàihuì	recepción
演出	yǎnchū	función
舞会	wǔhuì	baile

4. 连词成句 Construya oraciones con las siguientes palabras

（1）我　不　医生　愿意　当

______

（2）生日晚会　叶妮的　我　不　不能　参加

______

（3）将来　什么　想　做　你

______

（4）明天　要　我　汉字　写

______

（5）得　上课　他　了

______

（6）想　你　喝　咖啡　想　不

______

（7）说　能　吗　汉语　他

______

5. 将下列句子翻译成西班牙语　Traduzca al español las siguientes oraciones

（1）你想去西班牙吗？

____

（2）明天你要做什么？

____

（3）我应该买一个生日蛋糕。

____

（4）我应该去医院看他。

____

（5）你愿意当老师吗？

____

（6）明天你能来我家吗？

____

（7）你会游泳吗？

____

（8）将来你希望做什么工作？

____

6. 用“想”“能（够）”“愿意”“应该”各造 3 个句子　Construya 3 oraciones con “想”, “能（够）”, “愿意”, “应该” respectivamente

（1）想

____

____

____

（2）能（够）

____

____

____

（3）愿意

____

____

____

（4）应该

____

____

____

7. 主题会话 Conversación temática

根据下列提示，说说你的理想。Háblenos de sus ambiciones a partir de las siguientes oraciones.

我想当老师。	我想当医生。
我想当歌手。	我想当科学家。

8. 根据拼音选择合适的汉字填空 Seleccione los caracteres chinos apropiados para rellenar los espacios en blanco según el pinyin

猪、狗、鸡、猴、兔、虎、牛、鼠、蛇、马、羊、龙、卯、未、亥

中国人的属相

子 (zǐ)	________(shǔ)	ratón
丑 (chǒu)	________(niú)	buey
寅 (yín)	________(hǔ)	tigre
_______(mǎo)	________(tù)	liebre, conejo
辰 (chén)	________(lóng)	dragón
巳 (sì)	________(shé)	serpiente
午 (wǔ)	________(mǎ)	caballo
_______(wèi)	________(yáng)	oveja, cordero
申 (shēn)	________(hóu)	mono
酉 (yǒu)	________(jī)	gallo
戌 (xū)	________(gǒu)	perro
_______(hài)	________(zhū)	cerdo

六、汉西对照阅读 Lea los siguientes textos chino-español

俗语和谚语 Dichos y refranes

祸从口出。	Por la boca muere el pez.
时间可以治愈一切。	El tiempo lo cura todo.
谁笑到最后，谁笑得最好。	El que ríe el último, ríe mejor.
懒惰是万恶之源。	El ocio es la madre de todos los vicios.

第八课 快乐的一家

Lección 8 Una familia alegre

关键句 Frases clave 08-1

Wǒ kànjiàn jiāli de chuāngzi kāizhe.
❶ 我看见家里的窗子开着。

Wǒ shàng lóu, kànjiàn bàba zhèng zuòzhe kàn bào.
❷ 我上楼，看见爸爸正坐着看报。

Māma zhèng zuòfàn ne.
❸ 妈妈正做饭呢。

Dìdi zài tīng yīnyuè, mèimei zhèngzài huà huàr.
❹ 弟弟在听音乐，妹妹正在画画儿。

Nǎinai zhī máoyī ne.
❺ 奶奶织毛衣呢。

一、课文 Texto

Kuàilè de yì jiā
（一）快乐的一家 08-2

Lánlán de tiānshàng piāozhe báiyún, lǜlǜ de tiányě shang kāizhe huáng huā. Yuǎnchù yǒu yí zuò xiǎo lóu, nà shì wǒ de jiā. Zài lóuxià, wǒ kànjiàn jiāli de chuāngzi kāizhe.

蓝蓝的天上飘着白云，绿绿的田野上开着黄花。远处有一座小楼，那是我的家。在楼下，我看见家里的窗子开着。

Wǒ zhīdào jiāli yǒu rén. Wǒ shàng lóu, kànjiàn bàba zhèng zuòzhe kàn bào, māma zhèng
我知道家里有人。我上楼，看见爸爸正坐着看报，妈妈正

zuòfàn ne, dìdi zài tīng yīnyuè, mèimei zhèngzài huà huàr, yéye zài jiāo huā, nǎinai
做饭呢，弟弟在听音乐，妹妹正在画画儿，爷爷在浇花，奶奶

zhī máoyī ne.
织毛衣呢。

Fēng chuīzhe, mén kāizhe, kōngqì hǎo jí le. Yángguāng zhàozhe dàdì. Cóng yángtái
风吹着，门开着，空气好极了。阳光照着大地。从阳台

shang wǒ kànjiàn: yuànzi li de cǎopíng shang pāzhe liǎng zhī xiǎogǒu, yì zhī dèngzhe yǎnjing,
上我看见：院子里的草坪上趴着两只小狗，一只瞪着眼睛，

yì zhī qiàozhe wěiba, hǎowánr jí le.
一只翘着尾巴，好玩儿极了。

Jǐ gè háizi zhuīzhe、dǎzhe、pǎozhe、jiàozhe、nàozhe. Qīngtíng fēizhe, mǎyǐ
几个孩子追着、打着、跑着、叫着、闹着。蜻蜓飞着，蚂蚁

pázhe, húdié、mìfēng mángzhe.
爬着，蝴蝶、蜜蜂忙着。

Wǒ xiàozhe duì bàba māma shuō: "Lóuxià de Zhāng āyí hé Liú shūshu shuō míngtiān
我笑着对爸爸妈妈说："楼下的张阿姨和刘叔叔说明天

tāmen yào qǐng wǒmen kàn diànyǐng." Bàba māma shuō: "Tài hǎo le! Míngtiān wǒmen yìqǐ
他们要请我们看电影。"爸爸妈妈说:"太好了!明天我们一起

qù kàn diànyǐng." Wǒ bèngzhe tiàozhe huí fángjiān le.
去看电影。"我蹦着跳着回房间了。

Diànyǐngyuàn hěn jìn, guòle mǎlù jiù shì. Wǎnshang diànyǐngyuàn ménkǒu rènao
电影院很近,过了马路就是。晚上电影院门口热闹

jí le, rénshān-rénhǎi de. Nánnánnǚnǚ、lǎolǎoshàoshào xiàng guònián yíyàng.
极了,人山人海的。男男女女、老老少少像过年一样。

生词 Vocabulario

08-3

1.	窗子	(名)	chuāngzi	ventana
2.	做饭		zuò//fàn	cocinar
3.	浇	(动)	jiāo	regar, echar agua
4.	织	(动)	zhī	tejer
5.	毛衣	(名)	máoyī	suéter
6.	风	(名)	fēng	viento
7.	吹	(动)	chuī	soplar
8.	门	(名)	mén	puerta
9.	开	(动)	kāi	abrir
10.	空气	(名)	kōngqì	aire
11.	极了		jí le	extremadamente
12.	阳光	(名)	yángguāng	rayo del Sol
13.	照	(动)	zhào	iluminar, brillar
14.	阳台	(名)	yángtái	balcón
15.	院子	(名)	yuànzi	patio

16. 草坪	（名）	cǎopíng	césped
17. 趴	（动）	pā	estar tumbado, estar boca abajo
18. 瞪	（动）	dèng	abrir mucho los ojos
19. 眼睛	（名）	yǎnjing	ojos
20. 翘	（动）	qiào	levantar
21. 尾巴	（名）	wěiba	rabo
22. 追	（动）	zhuī	perseguir
23. 打	（动）	dǎ	golpear, pegar
24. 跑	（动）	pǎo	correr
25. 闹	（动）	nào	retozar
26. 蜻蜓	（名）	qīngtíng	libélula
27. 蚂蚁	（名）	mǎyǐ	hormiga
28. 爬	（动）	pá	arrastrarse
29. 蝴蝶	（名）	húdié	mariposa
30. 蜜蜂	（名）	mìfēng	abeja
31. 笑	（动）	xiào	reír
32. 蹦	（动）	bèng	brincar
33. 跳	（动）	tiào	saltar
34. 电影院	（名）	diànyǐngyuàn	cine
35. 马路	（名）	mǎlù	calle

Tànshì
（二）探视 08-4

(Zhào Lì hé tóngxué yìqǐ qù kànwàng shēngbìng de Mèng lǎoshī)
（赵立和同学一起去看望生病的孟老师）

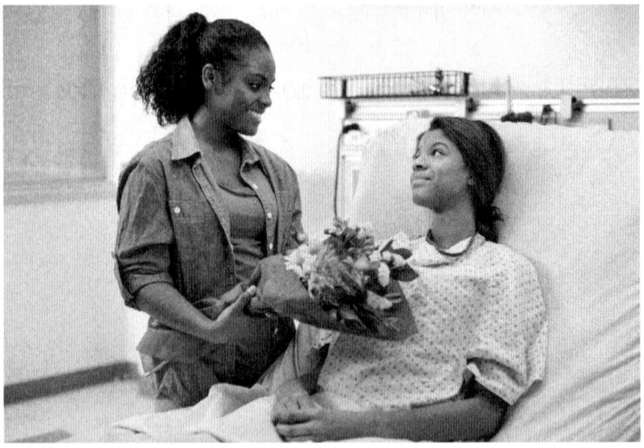

Zhào Lì: Wáng Bīng gàn shénme ne?
赵 立：王兵干什么呢？

Tā zěnme méi lái?
他怎么没来？

Yán Bīn: Tā shì gè qiúmí, zhèngzài kàn zúqiú bǐsài ne.
严 斌：他是个球迷，正在看足球比赛呢。

Zhào Lì: Liú Píngping wèi shénme yě méi lái?
赵 立：刘萍萍为什么也没来？

Tā zài zuò shénme?
她在做什么？

Yán Bīn: Tā zài zhǔnbèi kǎoshì, mángzhe ne!
严 斌：她在准备考试，忙着呢！

Zhào Lì: Nà Sòng Bīn ne? Tā zài gàn shénme ne?
赵 立：那宋彬呢？他在干什么呢？

Yán Bīn: Tā zài túshūguǎn kàn shū ne.
严 斌：他在图书馆看书呢。

Zhào Lì: Tāmen zhīdào bu zhīdào Mèng lǎoshī zhèng zhùyuàn ne?
赵 立：他们知道不知道孟老师正住院呢？

Yán Bīn: Tāmen gēnběn bù zhīdào Mèng lǎoshī shēngbìng. Yàoshi zhīdào, kěndìng dōu huì lái.
严 斌：他们根本不知道孟老师生病。要是知道，肯定都会来。

Zhào Lì: Nǐ shì zěnme tōngzhī tāmen de?
赵　立：你是怎么通知他们的？

Yán Bīn: Wǒ zhǐ shuō zánmen tóngxué jùhuì, xiǎng děng dàjiā dàoqí hòu, zài gàosu tāmen Mèng lǎoshī shēngbìng le.
严　斌：我只说咱们同学聚会，想等大家到齐后，再告诉他们孟老师生病了。

Zhào Lì: Nà zán liǎ kuài zǒu ba! Mèng lǎoshī zhèngzài bìngfáng děngzhe zánmen ne.
赵　立：那咱俩快走吧！孟老师正在病房等着咱们呢。

生词 Vocabulario 08-5

1.	探视	（动）	tànshì	visitar
2.	看望	（动）	kànwàng	visitar
3.	生病		shēng//bìng	estar enfermo
4.	球迷	（名）	qiúmí	hincha, aficionado
5.	比赛	（名）	bǐsài	competición
6.	准备	（动）	zhǔnbèi	preparar
7.	考试		kǎo//shì	examen
8.	住院		zhù//yuàn	hospitalizarse
9.	根本	（副）	gēnběn	ni siquiera
10.	要是	（连）	yàoshi	si
11.	肯定	（副）	kěndìng	de todas maneras
12.	通知	（动）	tōngzhī	avisar
13.	聚会	（动）	jùhuì	reunirse

专名 Nombre propio

1.	赵立	Zhào Lì	Zhao Li
2.	王兵	Wáng Bīng	Wang Bing
3.	严斌	Yán Bīn	Yan Bin
4.	刘萍萍	Liú Píngping	Liu Pingping
5.	宋彬	Sòng Bīn	Song Bin

二、语法 Gramática

1. 动作进行的表达 Expresiones del desarrollo de acciones

正在……（呢）	estar + gerundio
在……（呢）	estar + gerundio
正……（呢）	estar + gerundio
……呢	estar + gerundio

（1）我爸爸正在看报（呢）。	Papá está leyendo el periódico.
（2）妈妈在做饭（呢）。	Mamá está cocinando.
（3）小王正听音乐（呢）。	Xiao Wang está escuchando música.
（4）他浇花呢。	Él está echando agua a las flores.

2. 动作和状态持续的表达 Acción que expresa el mantenimiento o la continuación

动词、形容词后加动态助词“着”表示动作和状态的持续。否定式用“没……着”。

Un verbo o un adjetivo seguidos de la partícula verbal “着” significa que el resultado de la acción o el estado continúan. La forma negativa se construye con “没……着”.

Verbo/adjetivo + 着 o 没……着（negativa). Por ejemplo：

（1）门开着。 La puerta está abierta.

（2）门没开着。 La puerta no está abierta.

（3）窗子关着。 La ventana está cerrada.

（4）窗子没关着。 La ventana no está cerrada.

（5）雨一直下着。 La lluvia viene cayendo sin cesar.

（6）她吃着饭呢。 Ella está comiendo.

（7）他看着书呢。 Él está leyendo libros.

（8）屋里的灯亮着。 La luz de la habitación está encendida.

（9）这间房子一直空着。 Esta casa está siempre vacía.

三、汉西对比 Comparación

正在进行的动作和持续状态的表达
Expresión de acciones en curso y estados persistentes

汉语中表达动作正在进行或状态在持续的句式有“正在……（呢）”“在……（呢）”“正……（呢）”，西班牙语则比较简单，一般用“estar + 副动词”表示。如：

Las continuaciones “正在……（呢）”, “在……（呢）”, “正……（呢）” en chino equivalen a oraciones con “estar + gerundio” en español.

爸爸正在看报（呢）。 Papá está leyendo el periódico.

妈妈在做饭（呢）。 Mamá está cocinando.

小王正听音乐（呢）。 Xiao Wang está escuchando música.

他浇花呢。 Él está echando agua a las flores.

汉语中的“动词 / 形容词 + 着”在西班牙语中要根据具体情况用动词陈述式、副动词、过去分词或形容词等多种方式来表达。如：

En cambio, la oración “……着” en chino va a ser más variable en español, puede convertirse en una oración con el modo indicativo del verbo, gerundio, participio pasivo o adjetivo, respectivamente, según el caso. Por ejemplo:

天上飘着白云。	En el cielo flotan nubes blancas.
屋里的灯亮着。	La luz de la habitación está escendida.
这房子空着。	Esta casa está vacía.

四、汉字的偏旁 Radicales de los caracteres chinos

“虫”: 虫字旁　Radical “insecto”

xiā	camarón
虾	

hú	mariposa
蝴	

dié	mariposa
蝶	

qīng	libélula
蜻	

tíng	libélula
蜓	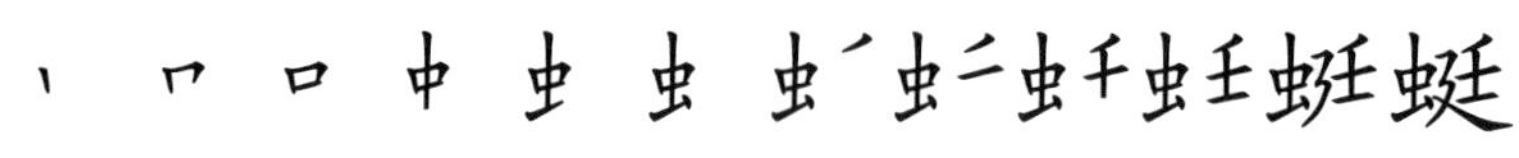

fēng	abeja
蜂	

五、练习 Ejercicios

1. 语音练习　Ejercicios fonéticos

（1）古诗朗诵　Recite el siguiente poema clásico　08-6

liáng zhōu cí
凉州词

[táng] wáng zhī huàn
[唐] 王之涣

huáng hé yuǎn shàng bái yún jiān
黄河远上白云间，
yí piàn gū chéng wàn rèn shān
一片孤城万仞山。
qiāng dí hé xū yuàn yáng liǔ
羌笛何须怨杨柳，
chūn fēng bú dù yù mén guān
春风不度玉门关。

（2）朗读下列词语并写出拼音　Lea en voz alta las siguientes palabras y escriba su pinyin

吃着________	看着________
笑着________	飘着________
追着________	打着________
亮着________	空着________
趴着________	瞪着________
跑着________	叫着________

（3）朗读下列句子并写出拼音　Lea en voz alta las siguientes oraciones y escriba su pinyin

1）房子空着。

____

2）马路上的灯亮着。

____

3）草坪上的花开着。

____

4）孩子们看电影呢。

____

5）门开着。

____

6）他们上着课呢。

____

2. 替换练习　Ejercicios de sustitución

（1）这房子空着。

这房子	空
路上的灯	亮
教室的窗子	开
图书馆的门	关

（2）何塞正在看书呢。

何塞	看书
卡门	做饭
哥哥	听音乐
爷爷	浇花
他们	看电影

3. 指出下列句子中“在”的词性（动词、介词、副词）
Señale la función de “在” (verbo, preposición y adverbio) en las oraciones siguientes

（1）他在银行工作。　　（　　）
（2）她在巴黎学习。　　（　　）
（3）妈妈在家。　　（　　）
（4）爸爸在医院。　　（　　）
（5）他们在工作。　　（　　）
（6）她们在听音乐。　　（　　）
（7）他们在上课。　　（　　）

4. 用“正在……（呢）”“在……（呢）”“正……（呢）”“……呢”和“着”填空
Rellene los espacios en blanco con “正在……（呢）”, “在……（呢）”, “正……（呢）”, “……呢”, “着”

（1）他__________看足球赛__________。

（2）她__________准备考试__________。

（3）弟弟__________画画儿__________。

（4）孟老师病着__________。

（5）弟弟__________听音乐。

（6）爷爷__________浇花。

（7）奶奶织毛衣__________。

（8）他们跑__________，笑__________，开心极了。

5. 根据课文在下列空白处填上适当的词语　Rellene los espacios en blanco con verbos adecuados según el texto

（1）蓝蓝的天上__________着白云，绿绿的田野上__________着黄花。

（2）家里的窗子__________着。

（3）爸爸正__________着报呢。

（4）院子的草坪上__________着两只小狗。

（5）蜻蜓__________着，蚂蚁__________着，蝴蝶、蜜蜂__________着。

（6）风__________着，门__________着，空气好极了。

6. 将下列句子翻译成汉语　Traduzca al chino las siguientes oraciones

（1）Él trabaja.

____

（2）Yo estudio.

____

（3）Tú juegas.

____

（4）Ellos viajan.

____

（5）Papá está descansando.

____

（6）Mi hermano mayor está trabajando.

____

（7）Chicos y chicas están jugando.

____

（8）Mamá está lavando la ropa.

____

（9）Él está descansando.

____

（10）Nosotros estamos jugando.

____

7. 命题作文　Escriba un artículo con el título dado

请想一想你回家的时候你的家人在做什么，用本课所学的语言点“正在……（呢）”“在……（呢）”“……呢”“着”写一篇作文。要求全部用汉字书写，书写要清楚工整，至少120个字。

Imagine lo que su familia está haciendo cuando llegue a casa y luego use los puntos gramaticales del lenguaje que ha aprendido en esta lección como: “正在（呢）”, “在……（呢）” o “着” para escribir un artículo. Hay que escribirlo en caracteres chinos con no menos de 120 caracteres, fijándose en escribirlos claros y ordenados.

六、汉西对照阅读 Lea los siguientes textos chino-español

俗语和谚语 Dichos y refranes

远亲不如近邻。	Un vecino cercano es mejor que un pariente lejano.
机不可失，时不再来。	Aproveche la oportunidad cuando llegue, de lo contrario no volverá a aparecer.
会发光的并非都是金子。	No todo lo que brilla es oro.
我生待明日，万事成蹉跎。	No deje para mañana lo que pueda hacer hoy.
失去方知珍惜，身在福中不知福。	Nadie sabe lo que vale el agua hasta que falta.

第九课 拜访朋友 | Lección 9 Visita a una amiga

关键句 Frases clave 09-1

Nǐ hē chá háishi hē kāfēi?
❶ 你喝茶还是喝咖啡？

Hē kāfēi ba.
❷ 喝咖啡吧。

Wǒ xiǎng tīngting yīnyuè.
❸ 我想听听音乐。

Nǐ xǐhuan tīng gǔdiǎn de háishi xiàndài de?
❹ 你喜欢听古典的还是现代的？

Wǒ bù xiǎng tīng xiàndài de, wǒ yào tīng gǔdiǎn de.
❺ 我不想听现代的，我要听古典的。

一、课文 Texto

Bàifǎng péngyou
（一）拜访朋友 09-2

(Yǒu rén qiāo mén)
（有人敲门）

Chén Zhuó: Shéi ya?
陈 卓：谁呀？

Kǎmén: Wǒ, Kǎmén. Kuài kāi mén! Kuài diǎnr!
卡 门：我，卡门。快开门！快点儿！

Chén Zhuó: Qǐng děng yi děng, wǒ zhèngzài huàn yīfu.
陈 卓：请等一等，我正在换衣服。

（Guòle yíhuìr, Chén Zhuó kāile mén）
（过了一会儿，陈卓开了门）

Chén Zhuó: Huānyíng, huānyíng! Lǐbian qǐng.
陈 卓：欢迎，欢迎！里边请。

Kǎmén: Xièxie!
卡 门：谢谢！

Chén Zhuó: Qǐng zuò, lái diǎnr shénme? Nǐ hē chá háishi hē kāfēi?
陈 卓：请坐，来点儿什么？你喝茶还是喝咖啡？

Kǎmén: Hē kāfēi ba, zài lái diǎnr niúnǎi.
卡 门：喝咖啡吧，再来点儿牛奶。

Chén Zhuó: Duìbuqǐ! Wǒ méiyǒu niúnǎi le.
陈 卓：对不起！我没有牛奶了。

Kǎmén: Nà jiù hē chá ba.
卡 门：那就喝茶吧。

Chén Zhuó: Hóngchá háishi lǜchá?
陈 卓：红茶还是绿茶？

Kǎmén: Dōu xíng.
卡 门：都行。

Chén Zhuó: Hē hóngchá ba. Yào bu yào fàng táng?
陈　卓：喝红茶吧。要不要放糖？

Kǎmén: Shǎo fàng yìdiǎnr táng, xièxie.
卡　门：少放一点儿糖，谢谢。

Chén Zhuó: Hǎode. Nǐ yào bu yào chī diǎnr tián diǎnxin?
陈　卓：好的。你要不要吃点儿甜点心？

Kǎmén: Wǒ bú yào tián diǎnxin. Yǒu bǐnggān ma? Wǒ yào xián de.
卡　门：我不要甜点心。有饼干吗？我要咸的。

Chén Zhuó: Wǒ zhǐ yǒu dàngāo, shì tián de.
陈　卓：我只有蛋糕，是甜的。

Kǎmén: Nà jiù suàn le! Wǒ bù néng chī tài tián de, wǒ xiǎng chī diǎnr suān de.
卡　门：那就算了！我不能吃太甜的，我想吃点儿酸的。

Chén Zhuó: Cǎoméi háishi píngguǒ?
陈　卓：草莓还是苹果？

Kǎmén: Cǎoméi ba.
卡　门：草莓吧。

Chén Zhuó: Hǎo, nǐ kànkan diànshì ba!
陈　卓：好，你看看电视吧！

Kǎmén: Bù! Wǒ bù xiǎng kàn diànshì, wǒ xiǎng tīngting yīnyuè.
卡　门：不！我不想看电视，我想听听音乐。

Chén Zhuó: Nǐ xiān tīngzhe. Wǒ dào lóuxià mǎi diǎnr shuǐguǒ hé shūcài, zhōngwǔ
陈　卓：你先听着。我到楼下买点儿水果和蔬菜，中午

zán liǎ yìqǐ zuòfàn ba.
咱俩一起做饭吧。

生词 Vocabulario 09-3

1.	换	（动）	huàn	cambiar
2.	喝	（动）	hē	beber
3.	茶	（名）	chá	té
4.	还是	（连）	háishi	o
5.	咖啡	（名）	kāfēi	café
6.	牛奶	（名）	niúnǎi	leche
7.	红茶	（名）	hóngchá	té negro
	红	（形）	hóng	rojo
8.	绿茶	（名）	lǜchá	té verde
	绿	（形）	lǜ	verde
9.	放	（动）	fàng	poner, colocar
10.	糖	（名）	táng	azúcar
11.	吃	（动）	chī	comer
12.	甜	（形）	tián	dulce
13.	点心	（名）	diǎnxin	golosina
14.	饼干	（名）	bǐnggān	galleta
15.	咸	（形）	xián	salado
16.	酸	（形）	suān	ácido
17.	草莓	（名）	cǎoméi	fresa

专名 Nombre propio

陈卓	Chén Zhuó	Chen Zhuo

Tán yīnyuè
（二）谈音乐

09-4

(Chén Zhuó yìbiān zài chúfáng mángzhe, yìbiān gēn Kǎmén liáotiānr)
（陈 卓 一边 在 厨房 忙着，一边 跟 卡门 聊天儿）

Chén Zhuó: Nǐ kàn! Shūguì li yǒu CD, pángbiān hézi li yǒu yīnyuè U pán hé yí gè yīnxiǎng.
陈 卓：你看！书柜里有CD，旁边盒子里有音乐U盘和一个音响。

Kǎmén: Nǐ zhège yīnxiǎng zhēn dà. Yídìng fēicháng hǎotīng ba?
卡 门：你这个音响真大。一定非常好听吧？

Chén Zhuó: Wǒmen yìqǐ tīng yīnyuè ba. Nǐ xǐhuan tīng gǔdiǎn de háishi xiàndài de?
陈 卓：我们一起听音乐吧。你喜欢听古典的还是现代的？

Kǎmén: Wǒ bù xiǎng tīng xiàndài de, wǒ yào tīng gǔdiǎn de.
卡 门：我不想听现代的，我要听古典的。

Chén Zhuó: Nǐ tīng Zhōngguó de háishi wàiguó de? Dōu zài nàr, nǐ tiāotiao ba!
陈 卓：你听中国的还是外国的？都在那儿，你挑挑吧！

Kǎmén: Wǒ xiǎng tīngting Xībānyá jīngdiǎn jítā qǔ 《Ālánhú'āisī Xiézòuqǔ》.
卡 门：我想听听西班牙经典吉他曲《阿兰胡埃斯协奏曲》。

Chén Zhuó: Hǎode! Wǒ diànnǎo li hái yǒu 《Hālābài》 ne!
陈 卓：好的！我电脑里还有《哈拉拜》呢！

Kǎmén: Nà shì Mòxīgē jiāyù-hùxiǎo de wǔqǔ, hǎotīng jí le.
卡 门：那是墨西哥家喻户晓的舞曲，好听极了。

Chén Zhuó: Chá lái le! Yí, Kǎmén nǐ qù nǎr le? Zánmen liǎ yìbiān hē chá, yìbiān tīng yīnyuè ba!
陈 卓：茶来了！咦，卡门你去哪儿了？咱们俩一边喝茶，一边听音乐吧！

Kǎmén: Hǎo a! Yíhuìr nǐ gěi wǒ jiǎngjiang Zhōngguó de chuántǒng yīnyuè ba!
卡 门：好啊！一会儿你给我讲讲中国的传统音乐吧！

生词 Vocabulario 09-5

1.	一边…… 一边……		yìbiān…… yìbiān……	simultaneidad de dos acciones, mientras
2.	U盘	（名）	U pán	USB
3.	古典	（形）	gǔdiǎn	clásico
4.	现代	（形）	xiàndài	moderno
5.	挑	（动）	tiāo	elegir
6.	经典	（形）	jīngdiǎn	clásico
7.	吉他	（名）	jítā	guitarra
8.	讲	（动）	jiǎng	contar, narrar, hablar

专名 Nombre propio

1.《阿兰胡埃斯协奏曲》	《Ālánhú'āisī Xiézòuqǔ》	*Concierto de Aranjuez*
2.《哈拉拜》	《Hālābài》	*Jarabe*
3. 墨西哥	Mòxīgē	México

注释 Notas

咱们俩一边喝茶，一边听音乐吧！

¡Tomemos el té mientras escuchamos música!

"一边……一边……"表示两个动作同时进行。如：

"一边……一边……" "Por un lado ... Por otro lado ..." significa que se realizan dos acciones simultáneamente. Por ejemplo:

我一边喝茶，一边看电视。

他一边做饭，一边和妈妈聊天儿。

二、语法 Gramática

1. 动词的重叠 Repetición de verbos

汉语中有一部分动词可以重叠，动词重叠表示动作经历的时间短、动作反复多次、轻松、尝试等意义。

En chino algunos verbos pueden usarse repetidos. La repetición del verbo significa que la acción verbal se realiza en un corto tiempo, o de forma reiterada, o ligera, o como simple tentativa.

(1)单音节动词重叠(AA) Repetición de verbos monosilábicos

看看　　听听　　说说　　讲讲

(2)双音节动词重叠(ABAB) Repetición de verbos bisilábicos

复习复习　　检查检查

(3)重叠动词中间加"了",表示过去发生的动作持续时间不长

La partícula verbal "了" debe colocarse en medio del verbo repetido. La repetición del verbo significa que la acción verbal dura poco tiempo.

看了看　　听了听　　说了说　　复习了复习　　检查了检查

(4)重叠的单音节动词中间还可以加"一",表示轻松、尝试的意思

A veces, en los verbos monosilábicos repetidos se intercala "一", para significar una simple tentativa.

等一等　　看一看　　听一听　　说一说　　想一想　　聊一聊

2. 选择疑问句 Oración interrogativa alternativa

选择疑问句是对"(是)……还是……"连接的两种或两种以上的情况进行提问,希望对方选择一种情况作为回答。

La oración interrogativa alternativa usa la formula "(是)……还是……" enlazando dos opciones para hacer la pregunta, deseando que el interlocutor elija una de ellas como respuesta.

(1)你喝茶还是喝咖啡?　　¿Tomas té o café?

(2)你听古典的还是现代的?　　¿Escuchas música clásica o moderna?

(3)你吃草莓还是吃苹果?　　¿Comes fresas o manzanas?

(4)他想去北京还是上海?　　¿Quiere ir a Beijing o Shanghai?

(5)哥哥学汉语还是学西班牙语?　　¿El hermano mayor aprende chino o español?

3. 状语 Modificación adverbial

状语是修饰和限制动词谓语或形容词谓语的成分,放在谓语的前面。

La modificación adverbial es un elemento que se emplea para modificar el verbo o el adjetivo, que sirve como predicado. Se coloca delante del predicado.

（1）我们慢慢地喝，慢慢地聊，多好啊！

Nosotros bebemos y conversamos lentamente ¡qué bueno es!

（2）乐曲非常好听。

La música es muy agradable.

（3）快开门。

Abre rápido la puerta.

4. 语气助词"吧"的用法　La partícula modal "吧"

语气助词"吧"用在祈使句末尾，表示请求、提议、商量，使语气缓和。

Se usa al final de la oración la partícula modal "吧" para realizar el tono de requerimiento, propuesta, consulta y aprobación.

（1）你挑吧！　¡Elige!

（2）给我吧！　¡Pásemelo!

（3）你看电视吧！　¡Vea la televisión primero!

（4）我们一起去吧！　¡Vamos juntos!

5. "的"字结构（1）　La construcción con el carácter "的"（1）

名词、代词、形容词都可以在后面加上"的"组成"的"字结构，这种结构的作用相当于一个名词。

En chino se puede añadir el carácter "的" detrás de sustantivos, pronombres y adjetivos para formar la construcción con el carácter "的", cuya función equivale a un sustantivo.

（1）我不能吃太甜的。　No puedo comer nada demasiado dulce.

（2）我想吃点酸的。　Quiero comer algo ácido.

（3）这本书是谁的？　¿De quién es este libro?

（4）这本书是王老师的。　Este libro es del profesor Wang.

三、汉西对比 Comparación

对否定疑问句的回答
Respuestas a preguntas interrogativas negativas

汉语中对否定疑问句的回答与西班牙语非常不同，多数情况下正好相反。比较下列几个句子的回答方式，如：

La forma de contestar interrogativas negativas es muy distinta en chino y en español, en muchas ocasiones contraria completamente. Por ejemplo:

（1）你不去吗？	¿No vas tú?
是的，我不去。	No, no voy.
不，我去。	Sí, voy.
（2）你不想再吃一点吗？	¿No quieres comer más?
是的，我不想再吃了。	No, no quiero más.
不，我还想吃一点。	Sí, quiero más.
（3）这个姑娘不漂亮吗？	¿No es linda esta muchacha?
是的，她不漂亮。	No, no es linda.
不，她很漂亮。	Sí, es muy linda.
（4）这个房间不大吗？	¿No es grande esta sala?
是的，这个房间不大。	No, no es grande.
不，这个房间很大。	Sí, es muy grande.

四、汉字的偏旁 Radicales de los caracteres chinos

“口”：口字旁 Radical “boca”

吃	chī	comer
呼	hū	llamar
叫	jiào	llamar
喝	hē	beber
唱	chàng	cantar

五、练习 Ejercicios

1. 语音练习　Ejercicios fonéticos

（1）古诗朗诵　Recite el siguiente poema clásico

09-6

qīng míng
清　明

[táng] dù mù
［唐］杜　牧

qīng míng shí jié yǔ fēn fēn
清　明　时　节　雨　纷　纷，

lù shàng xíng rén yù duàn hún
路　上　行　人　欲　断　魂。

jiè wèn jiǔ jiā hé chù yǒu
借　问　酒　家　何　处　有，

mù tóng yáo zhǐ xìng huā cūn
牧　童　遥　指　杏　花　村。

（2）朗读下面的形容词短语并写出拼音　Lea en voz alta las siguientes frases con adjetivos y escriba su pinyin

好不好＿＿＿＿＿＿	好听不好听＿＿＿＿＿＿
难不难＿＿＿＿＿＿	好喝不好喝＿＿＿＿＿＿
多不多＿＿＿＿＿＿	好吃不好吃＿＿＿＿＿＿
忙不忙＿＿＿＿＿＿	漂亮不漂亮＿＿＿＿＿＿
甜不甜＿＿＿＿＿＿	高兴不高兴＿＿＿＿＿＿
酸不酸＿＿＿＿＿＿	快乐不快乐＿＿＿＿＿＿

（3）朗读下面的短语并写出拼音　Lea en voz alta las siguientes frases y escriba su pinyin

是不是＿＿＿＿＿	去不去＿＿＿＿＿	吃不吃＿＿＿＿＿
喝不喝＿＿＿＿＿	听不听＿＿＿＿＿	喜欢不喜欢＿＿＿＿＿
看不看＿＿＿＿＿	休息不休息＿＿＿＿	要不要＿＿＿＿＿

2. 连词成句　Construya oraciones con las siguientes palabras

（1）我　衣服　这件　是　的

＿＿＿＿＿＿＿＿＿＿＿＿＿＿＿＿＿＿＿＿＿＿＿＿

（2）咖啡　喝　他

＿＿＿＿＿＿＿＿＿＿＿＿＿＿＿＿＿＿＿＿＿＿＿＿

（3）卡门　听　音乐　喜欢　古典

＿＿＿＿＿＿＿＿＿＿＿＿＿＿＿＿＿＿＿＿＿＿＿＿

（4）喜欢　他　还是　饺子　面包

____

（5）听　我们　吧　音乐　一起

____

（6）哥哥　吃　甜的　酸的　想　还是

____

（7）在　他们　茶　喝

____

（8）一边　她们　看　电视　一边　点心　吃

____

（9）在　学习　北京大学　他　英语

____

（10）周末　喜欢　书　我　看看

____

3. 找出下列疑问句中的选择疑问句　Señale cuáles son interrogativas alternativas entre las siguientes preguntas

（1）你去古巴还是去墨西哥？

（2）你爸爸妈妈身体好吗？

（3）你喜欢听音乐还是看书？

（4）你的家在哪儿？

（5）今天晚上你看电视还是看电影？

（6）你忙吗？

（7）你爱听古典音乐还是现代音乐？

（8）你要吃苹果还是草莓？

（9）昨天的生日晚会热闹不热闹？

4. 将下列句子翻译成西班牙语　Traduczca al español las siguientes frases

（1）这本书是新的。

____

（2）那本书是你的。

____

（3）这个桌子是我的。

____

（4）这个苹果是酸的。

____

5. 请将下列形容词变成“的”字结构构成的名词　Convierta los siguientes adjetivos en sustantivos con la construcción del carácter “的”

例：好看 → 好看的

好听 → ______________________________

好吃 → ______________________________

好喝 → ______________________________

好玩儿 → ______________________________

七、知识拓展　Ampliación del conocimiento

1. 中国的乐器　Instrumentos musicales chinos

乐器名称	图片	乐器名称	图片
二胡　èrhú		竹笛　zhúdí	
唢呐　suǒnà		琵琶　pípa	
古筝　gǔzhēng	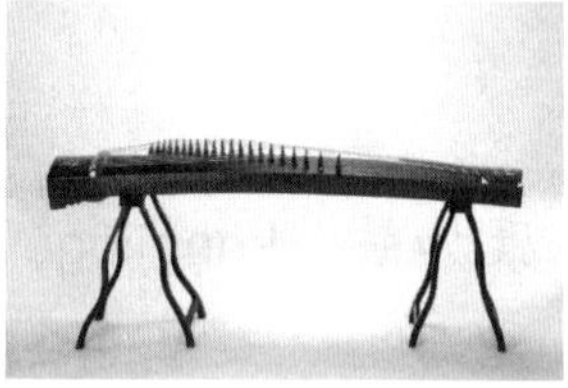	古琴　gǔqín	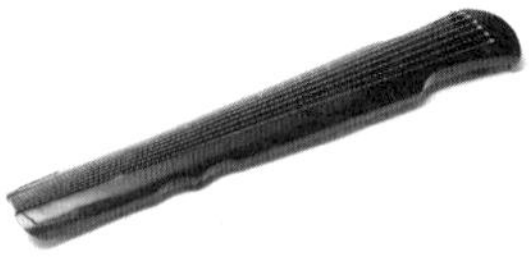
扬琴　yángqín		编钟　biānzhōng	
马头琴　mǎtóuqín	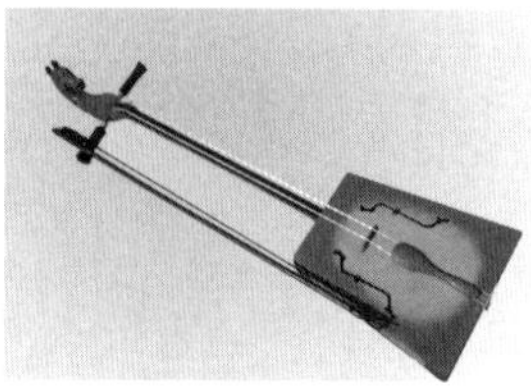	热瓦普　rèwǎpǔ	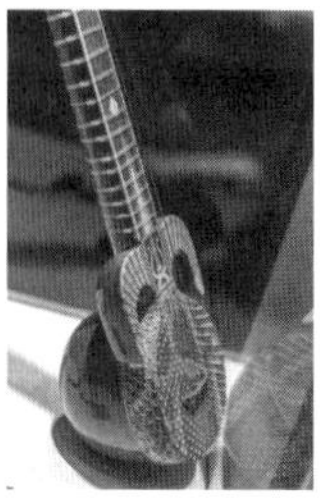

2. 外国的部分乐器　**Algunos instrumentos musicales extranjeros**

乐器名称	图片	乐器名称	图片
贝斯　bèisī		吉他　jítā	
萨克斯管 sàkèsīguǎn		小号　xiǎohào	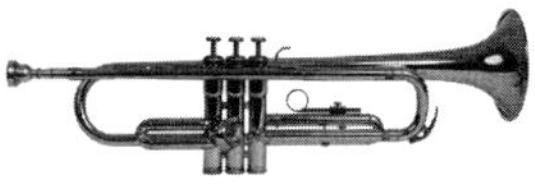
长号　chánghào		爵士鼓　juéshìgǔ	
小手鼓 xiǎoshǒugǔ		康加鼓　kāngjiāgǔ	
定音鼓 dìngyīngǔ		响板　xiǎngbǎn	
邦戈双鼓 bānggē shuānggǔ			

3. 中国传统音乐曲目　Repertorio de múscia tradicional china

《花好月圆》《Huāhǎo-yuèyuán》	《雨碎江南》《Yǔ suì Jiāngnán》
《彩云追月》《Cǎi yún zhuī yuè》	《百鸟朝凤》《Bǎi niǎo cháo fèng》
《梁山伯与祝英台》 《Liáng Shānbó yǔ Zhù Yīngtái》	《一枝花》《Yì zhī huā》
《二泉映月》《Èr quán yìng yuè》	《金蛇狂舞》《Jīn shé kuáng wǔ》

第十课 你说对了

Lección 10 Acertaste

关键句 Frases clave 10-1

Méi kànjiàn.
1. 没看见。

Wǒ kànjiàn le.
2. 我看见了。

Nǐ méi tīngdǒng wǒ shuō de yìsi.
3. 你没听懂我说的意思。

Wǒ tīngdǒng le.
4. 我听懂了。

一、课文 Texto

Nǐ shuōduì le
你说对了 10-2

(Gŭ shíhou, yǒu yí gè dāngguān de dàizhe tā de púrén dào xiāngxia qù kànwàng tā de lǎo péngyou.
(古时候，有一个 当官 的带着他的仆人到 乡下 去 看望 他的老 朋友。

Tāmen kànjiànle yí fù duìlián)
他们 看见了一副对联)

Dāngguān de: Nǐ kànjiàn nà fù duìlián le ma?
当官的：你看见那副对联了吗？

Púrén: Méi kànjiàn. Zài nǎr?
仆人：没看见。在哪儿？

Dāngguān de: Duìmiàn nà jiā de ménshang.
当官的：对面 那家的门上。

Púrén: Ō! Wǒ kànjiàn le. Héngpī shì bu shì "nánběi"?
仆人：噢！我看见了。横批是不是"南北"？

Dāngguān de: Wǒ kàn bu qīngchu. Nǐ gěi wǒ niànnian shànglián.
当官的：我看不清楚。你给我念念 上联。

Púrén: Shànglián shì "èr、sān、sì、wǔ" sì gè zì. Nín tīngjiàn le ma?
仆人：上联 是"二、三、四、五"四个字。您听见了吗？

Dāngguān de: Wǒ tīngjiàn le, yě kànjiàn le. Xiàlián shì bu shì "liù、qī、bā、jiǔ", yòu shì sì gè zì?
当官的：我听见了，也看见了。下联是不是"六、七、八、九"，又是四个字？

Púrén: Bié jí, wǒ hái méi kànwán ne! Ō, shì, shì, shì de.
仆人：别急，我还没看完呢！噢，是，是，是的。

Dāngguān de: Nà nǐ jiù mànmàn de kàn, mànmàn de xiǎng ba!
当官的：那你就慢慢地看，慢慢地想吧！

Púrén: Wǒ háishi méi kàn míngbai. Nín kàndǒng méi kàndǒng?
仆人：我还是没看 明白。您看懂 没看懂？

Dāngguān de: Wǒ dāngrán kàndǒng le. Nǐ cāicai, zhè fù duìlián shénme yìsi?
当官的：我当然 看懂了。你猜猜，这副对联什么意思？

Púrén: Quē “yī” shǎo “shí” a!
仆人：缺“一”少“十”啊！

Dāngguān de: Nǐ méi tīngdǒng wǒ shuō de yìsi.
当官的：你没听懂我说的意思。

Púrén: Wǒ tīngdǒng le. Kěshì wǒ méi tīng míngbai. Bú jiùshì quē gè “yī”, shǎo gè “shí” ma?
仆人：我听懂了。可是我没听明白。不就是缺个“一”，少个“十”吗？

Dāngguān de: Bú duì! Wǒ shuō de shì “quē yī shǎo shí”, tīng qīngchu le méiyǒu?
当官的：不对！我说的是“缺衣少食”，听清楚了没有？

Púrén: Tīng qīngchu le. Méiyǒu “yī”, yě méiyǒu “shí”, zěnme le? Bú duì ma?
仆人：听清楚了。没有“一”，也没有“十”，怎么了？不对吗？

Dāngguān de: Zhēn bèn! Nǐ zài kànkan héngpī chà gè shénme zì?
当官的：真笨！你再看看横批差个什么字？

Púrén: Dōngxī nánběi ma, chà gè “dōng” zì, shǎo gè “xī” zì.
仆人：东西南北嘛，差个“东”字，少个“西”字。

Dāngguān de: Méiyǒu dōngxi!
当官的：没有东西！

Púrén: Shénme? Nín màn diǎnr shuō, xíng bu xíng?
仆人：什么？您慢点儿说，行不行？

Dāngguān de: Wǒ shì shuō, tā jiā méiyǒu dōngxi!
当官的：我是说，他家没有东西！

Púrén: Ō! Xiànzài wǒ xiǎng míngbai le. Tā jiā quē chī de, shǎo chuān de. Jiā li shénme dōngxi dōu méiyǒu.
仆人：噢！现在我想明白了。他家缺吃的，少穿的。家里什么东西都没有。

Dāngguān de: Nǐ zhōngyú míngbai le. Zhè jiào xiéyīn. "Tā jiā méiyǒu dōngxi" zhōng de
当官的：你终于明白了。这叫谐音。"他家没有东西"中的

"xi", yào dúchéng qīngshēng.
"西"，要读成轻声。

Púrén: Ō! Nín shì shuō, tā jiā qióng jí le, shénme dōu méiyǒu, duì ba?
仆人：噢！您是说，他家穷极了，什么都没有，对吧？

Dāngguān de: Xiànzài nǐ shuōduì le! Gāngcái nǐ méi niànzhǔn, yě méi shuōduì.
当官的：现在你说对了！刚才你没念准，也没说对。

Púrén: Zhè fù duìlián zhēn miào!
仆人：这副对联真妙！

生词 Vocabulario 10-3

1.	古时候		gǔ shíhou	en tiempos remotos
2.	官	（名）	guān	alto funcionario, oficial de alto rango
3.	带	（动）	dài	llevar
4.	仆人	（名）	púrén	sirviente
5.	副	（量）	fù	clasificador
6.	对联	（名）	duìlián	dístico de la Fiesta de Primavera
7.	清楚	（形）	qīngchu	claro
8.	念	（动）	niàn	leer
9.	急	（形）	jí	preocupado, inquietado

10. 明白	（动）	míngbai	entender, comprender
11. 猜	（动）	cāi	adivinar
12. 缺	（动）	quē	faltar
13. 笨	（形）	bèn	torpe
14. 谐音	（动）	xiéyīn	homofonía
15. 读	（动）	dú	leer
16. 穷	（形）	qióng	pobre
17. 刚才	（副）	gāngcái	acabar de, recientemente
18. 妙	（形）	miào	excelente

二、语法 Gramática

1. 补语（2） Complemento (2)

汉语里有很多种补语，前面第 6 课我们讲过时量补语和动量补语，本课讲结果补语。

En chino, el elemento que va después de un verbo o de un adjetivo para expresar algo más sobre la acción o la característica se llama complemento. Existen varios tipos de complementos. Antes hemos estudiado el complemento de tiempo y el complemento clasificador verbal. Ahora vamos a estudiar el complemento resultativo.

（1）一般的结果补语 Complemento resultativo común

一般结果补语的构成是“v + v/adj”。

El complemento de resultado común se compone de “v + v/adj”.

看见　　听懂　　写完　　说对　　听清楚

汉语里的结果补语一般用来表示动作的结果，由动词或形容词充当。结果补语和动词结合得很紧，这种动补结构在句中很像一个词。如果句子中有动态助词“了”或宾语，必须放在结果补语的后边。

Se denomina complemento resultativo al que denota el resultado de una acción. El complemento resultativo lo constituye un verbo o un adjetivo. El verbo y su complemento están tan estrechamente unidos, que parecen una sola palabra. Cuando sigue la partícula verbal 了 o un objeto, deben colocarse detrás del complemento resultativo.

结果补语的肯定式 Afirmación	结果补语的否定式 Negación	结果补语的疑问式 Interrogación
我看见了。 He visto a ella.	我没看见。 No he visto a ella.	你看见她了吗？ ¿Has visto a ella?
我听明白了。 He entendido.	我没听明白。 No he entendido.	你听明白了没有？ ¿Has entendido?
我做完了。 He terminado.	我没做完。 No he terminado.	你做完作业了吗？ ¿Has terminado de hacer los ejercicios?

（2）“着”（zháo）做结果补语，表示达到目的 Complemento resultativo con “着” para indicar la meta que ha alcanzado.

1）他睡着了。 Él durmió.

2）爸爸点着了香烟。 Papá prende el cigarro.

3）这副对联的意思你猜着了吗？ ¿Has adivinado el significado de este dístico?

2. 结构助词“的”“地”“得” Partículas auxiliares estructurales “的” “地”“得”

“的”“地”“得”是三个发音一样但语法功能不同的结构助词。

“的”, “地”, “得” son tres partículas auxiliares estructurales con la misma pronunciación pero con diferentes funciones sintácticas.

（1）“的”是定语的标志，放在中心语前面。

“的” es signo del modificador adjetival y se pone delante del sustantivo.

1）我的电脑很新。 Mi ordenador es muy nuevo.

2）哥哥的桌子坏了。 La mesa del hermano mayor está rota.

（2）“地”是状语的标志，放在动词或形容词前面。

“地” es signo del modificador adverbial y se pone delante del verbo.

1）他和妻子幸福地生活着。 Él y su esposa viven una vida feliz.

2）他开心地笑了。 Él sonrió felizmente.

（3）“得”是补语的标志，放在动词后面。

“得” es signo del complemento y se pone detrás del verbo.

1）他法语说得很好。 Él habla bien el francés.

2）你说得对。 Tú tienes razón.

三、汉西对比 Comparación

表示程度的方式

La forma de expresar el grado

1. 汉语和西班牙语关于事物性质程度的表达方式有很多。本课中的“形容词＋极了”是汉语中表达程度的方式之一，用来描写事物的状态或性质达到极高的程度，相当于西班牙语中的绝对最高级。

En chino se usa la construcción “adjetivo + 极了” para expresar el grado sumamente alto del adjetivo, lo que equivale al superlativo absoluto del español, cuya forma es “adjetivo + ísimo(a)”

（1）他家穷极了。 Su familia es pobrísima.

（2）他女朋友漂亮极了。 Su novia es bellísima.

（3）他们的儿子聪明极了。 Su hijo es inteligentísimo.

2. 汉语用“最 + 形容词”表示最高程度，相当于西班牙语中的形容词的相对最高级，即“定冠词 + más + 形容词”。

La expresión “最 + adjetivo” en chino se usa necesariamente a través de la comparación entre ciertas circunstancias u objetos, lo que corresponde al superlativo relativo del español, que es “el, la, lo + más + adjetivo”.

（1）他家最穷。 Su familia es la más pobre.

（2）他女朋友最漂亮。 Su novia es la más bella.

（3）他们的儿子最聪明。 Su hijo es el más inteligente.

四、汉字的偏旁 Radicales de los caracteres chinos

“宀”：宝盖头 Radical “tejado”

jiā	casa
家	

guān	alto funcionario, oficial de alto rango
官	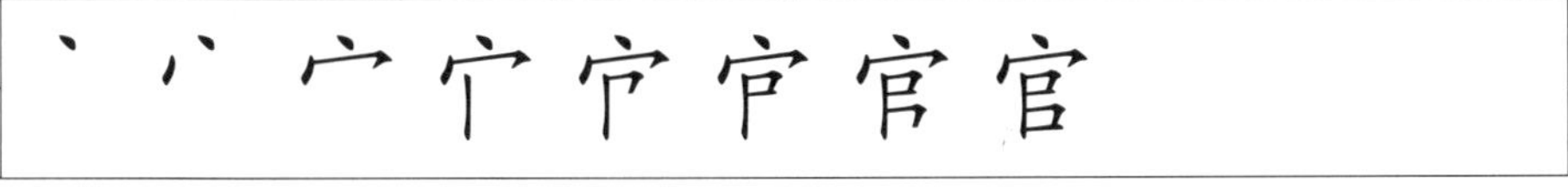

bǎo	tesoro
宝	

ān	tranquilo, colocar
安	

shì	sala
室	

五、练习 Ejercicios

1. 语音练习 Ejercicios fonéticos

（1）古诗词朗诵 Recite el siguiente poema clásico 10-4

tiān jìng shā qiū sī
天净沙·秋思

[yuán] mǎ zhì yuǎn
[元] 马 致 远

kū téng lǎo shù hūn yā
枯 藤 老 树 昏 鸦，

xiǎo qiáo liú shuǐ rén jiā
小 桥 流 水 人 家，

gǔ dào xī fēng shòu mǎ
古 道 西 风 瘦 马。

xī yáng xī xià
夕阳西下，
duàn cháng rén zài tiān yá
断肠人在天涯。

（2）朗读短语　Lea en voz alta las siguientes frases

红色的大门	好听的音乐
美丽的姑娘	幸福的一家人
慢慢地关上	轻轻地敲门
悄悄地离开	高兴地说
说得清楚	听得明白
写得漂亮	吃得多

2. 选择合适的汉字填空　Rellene los espacios en blanco con la opción que tiene el carácter adecuado

（1）他家________极了。

A. 字　　B. 穴　　C. 穷　　D. 实

（2）今天我们班怎么________一个人？

A. 差　　B. 左　　C. 着　　D. 看

（3）你念________课文了没有？

A. 元　　B. 完　　C. 家　　D. 远

（4）这副对联________极了。

A. 忙　　B. 妙　　C. 佳　　D. 吵

3. 用“的”“地”“得”填空　Rellene los espacios en blanco con “的”, “地” o “得”

（1）我们学校红色________大门上有两个字。

（2）他们慢慢________走，慢慢________说。

（3）她走________快，说________也快。

（4）美丽________姑娘正在高兴________唱歌。

（5）她________汉字写________很好。

（6）北京________冬天冷________很。

4. 选择合适的结果补语填空　Rellene los espacios en blanco con la opción que contiene el complemento resultativo adecuado

（1）弟弟睡________了。

A. 对　　B. 住　　C. 着　　D. 走

（2）我听________了。

A. 完　　B. 上　　C. 在　　D. 去

（3）窗子打________了。

A. 对　　B. 住　　C. 着　　D. 开

（4）我能听________汉语。

A. 懂　　B. 妙　　C. 了　　D. 住

5. 将下列句子旁边的结构助词插入适当的位置　Intercale las partículas auxiliares estructurales en el lugar adecuado representado por las opciones

（1）我 A 电脑 B 很 C 新。（的）　（　　）

（2）何塞 A 手机 B 坏 C 了。（的）　（　　）

（3）爸爸开 A 车 B 开 C 很快。（得）　（　　）

（4）我们 A 慢慢 B 喝 C。（地）　（　　）

（5）大家 A 高高 B 兴兴 C 回家了。（地）　（　　）

6. 用“不”或“没”填空　Rellene los espacios en blanco con “不” o “没”

（1）我看________清楚。

（2）他________看清楚。

（3）她________看见。

（4）我________认识这个字，念________准。

（5）我还________看见呢。

（6）我还是________看明白。

（7）你________听懂我说的意思。

（8）刚才你________念准，也________说对。

7. 分角色朗读课文　Lean el texto interpretando diferentes papeles

两人一组，分角色朗读课文《你说对了》。

En parejas, lean el texto《你说对了》interpretando los papeles.

8. 主题会话 Conversación temática

仿照下面的例子和你的同桌进行对话。

Siga el siguiente ejemplo y entable una conversación con su compañero de clase.

（一）

甲：他家富裕吗？ ¿Es rica su familia?

乙：他家穷极了。Su familia es pobrísima.

甲：他女朋友漂亮不漂亮？ ¿Es hermosa su novia?

乙：他女朋友漂亮极了。Su novia es bellísima.

甲：他们的儿子聪明吗？ ¿Es inteligente su hijo?

乙：他们的儿子聪明极了。Su hijo es inteligentísimo.

甲：这五个家庭谁家最穷？ ¿Cuál es la más pobre de estas cinco familias?

乙：他家最穷。Su familia es la más pobre.

（二）

甲：何塞、赫尔海和哈维尔的女朋友，谁最漂亮？

Entre las novias de José, Jorge y Javier, ¿quién es la más bonita?

乙：哈维尔的女朋友最漂亮。La de Javier es la más bella.

甲：他们三个，谁最聪明？ Entre los tres, ¿quién es el más inteligente?

乙：卡门最聪明。Carmen es la más inteligente.

六、汉西对照阅读 Lea los siguientes textos chino-español

中国的对联

对联在中国运用得非常广泛，一般分为三个部分：上联、下联、横批。对联通常写在纸上、布上，或刻在竹子上、木头上、柱子上。在中国，红色代表喜庆，所以春节贴的对联（又称“春联”）要写在大红纸上。上联贴在门的左边，下联贴在门的右边，横批贴在门楣上，内容一般是人们对新的一年的希望。对联的上联和下联必须是字数相等、结构相同、平仄相对的对偶句。

Dísticos de China

对联 (dísticos o versos pareados) se usa ampliamente en China. Generalmente se divide en tres partes: 上联 (la primera parte), 下联 (la segunda parte) y 横批 (el rollo horizontal). Generalmente se escribe sobre papel o tela, o bien grabadas sobre tablas de bambú, madera o sobre columnas. En China, el color rojo representa la alegría y la feliciadad, por eso los dísticos que se usan en la Fiesta de Primavera (llamado también “dísticos primaveral”) se escribe en papeles de fondo rojo. La primera parte se pega al lado izquierdo de la puerta y la segunda parte se pega a su derecha. El rollo horizontal se pega sobre el dintel. Todas las tres partes contienen frases que expresan el deseo para el año nuevo. Además la primera y la segunda parte de los dísticos tienen que tener los mismos números de caracteres y la misma estructura observando estrictamente la fonología del chino.

第十一课 竹林茶苑

Lección 11 Saboreando el té

关键句 Frases clave 11-1

Huānyíng dàjiā láidào "Zhúlín Cháyuàn".
1. 欢迎大家来到"竹林茶苑"。

Yǒuxiē suīrán méi hēguo, dànshì wǒ zhīdào yìxiē.
2. 有些虽然没喝过，但是我知道一些。

Rúguǒ nǐ bù xǐhuan, nà jiù huàn yì zhǒng ba.
3. 如果你不喜欢，那就换一种吧。

Dàjiā hēwán chá tīng Dīng lǎoshī jiǎngjiang Zhōngguó de cháyè, hǎo bu hǎo?
4. 大家喝完茶听丁老师讲讲中国的茶叶，好不好？

一、课文 Texto

Zhúlín Cháyuàn
竹林茶苑 11-2

Lǎobǎn: Nǐmen hǎo! Huānyíng dàjiā láidào "Zhúlín Cháyuàn".
老板：你们好！欢迎大家来到"竹林茶苑"。

Xuéshēngmen: Hǎo jīngzhì de yí gè sìhéyuàn ya!
学生们：好精致的一个四合院呀！

Lǎobǎn: Chuānguò sìhéyuàn, hòumiàn
老板：穿过四合院，后面

yǒu zhúlín,　yǒu xiǎohé,　nàbiān yǒu lùtiān cházuò.
有竹林，有小河，那边有露天茶座。

Wáng lǎoshī:　Lùtiān de,　kōngqì gèng qīngxīn!
王　老师：露天的，空气更清新！

Dàwèi:　Yǒu kòng zuòwèi ma?
大卫：有空座位吗？

Fúwùyuán:　Yǒu,　lǐbian qǐng!　Nǐmen jǐ wèi?
服务员：有，里边请！你们几位？

Hèsūsī:　Shí wèi.
赫苏斯：十位。

Kǎmén:　Zhèr yǒu zhúlín,　zhēn ānjìng!　Dàjiā zuò zhèbiān!
卡　门：这儿有竹林，真安静！大家坐这边！

Hésài:　Dōu lái le ma?
何　塞：都来了吗？

Mǎlìyà:　Yī、èr、sān、sì、wǔ、liù、qī、bā …… hái chà Wáng lǎoshī
玛丽娅：一、二、三、四、五、六、七、八……还差王老师

hé Dīng lǎoshī,　yígòng shí gè rén ne!
和丁老师，一共十个人呢！

Kǎmén:　Nǐmen kàn,　Wáng lǎoshī hé Dīng lǎoshī zài nàbiān.
卡　门：你们看，王老师和丁老师在那边。

Wáng lǎoshī:　Tóngxuémen qǐng lái zhèbiān,　Dīng lǎoshī yǒu shì gēn dàjiā shuō.　Zhèbiān
王老师：同学们请来这边，丁老师有事跟大家说。这边

yǒu xiǎohé,　wǒmen kěyǐ yìbiān shǎng jǐng,　yìbiān hē chá.
有小河，我们可以一边赏景，一边喝茶。

Dīng lǎoshī:　Tóngxuémen!　Dàjiā kuài lái ya!
丁老师：同学们！大家快来呀！

Fúwùyuán:　Nǐmen xiǎng hē shénme chá?
服务员：你们想喝什么茶？

Wáng lǎoshī: Nǐmen zhèr dōu yǒu shénme chá?
王老师：你们这儿都有什么茶？

Fúwùyuán: Wǒmen cháyuàn yǒu lóngjǐng、bìluóchūn、wūlóngchá、tiěguānyīn、mòlìhuāchá…… Nín xiǎng hē shénme chá, wǒmen zhèrjiù yǒu shénme chá.
服务员：我们茶苑有龙井、碧螺春、乌龙茶、铁观音、茉莉花茶……您想喝什么茶，我们这儿就有什么茶。

Hésài: Lǎoshī, tīngshuō Hángzhōu Xī Hú de lóngjǐng zuì hǎohē.
何塞：老师，听说杭州西湖的龙井最好喝。

Dīng lǎoshī: Dàjiā duō hē jǐ zhǒng, ránhòu zài shuōshuo kàn. Qǐng xiān lái yì hú Xī Hú lóngjǐng、yì hú mòlìhuāchá, zài lái yì hú tiěguānyīn. Fúwùyuán, qǐng yòng zǐshā cháhú qī chá.
丁老师：大家多喝几种，然后再说说看。请先来一壶西湖龙井、一壶茉莉花茶，再来一壶铁观音。服务员，请用紫砂茶壶沏茶。

Wáng lǎoshī: Zhèxiē chá, nǐmen dōu hēguo ma?
王老师：这些茶，你们都喝过吗？

Hésài: Yǒude hēguo, yǒude méi hēguo. Wǒ hēguo lóngjǐng、wūlóngchá shénme de. Yǒuxiē suīrán méi hēguo, dànshì wǒ zhīdào yìxiē.
何塞：有的喝过，有的没喝过。我喝过龙井、乌龙茶什么的。有些虽然没喝过，但是我知道一些。

Dīng lǎoshī: Fúwùyuán, qǐng dào chá.
丁老师：服务员，请倒茶。

Kǎmén: Wèidào hái kěyǐ, jiùshì yǒudiǎnr kǔ.
卡门：味道还可以，就是有点儿苦。

Hésài: Rúguǒ nǐ bù xǐhuan, nà jiù huàn yì zhǒng ba!
何塞：如果你不喜欢，那就换一种吧！

Wáng lǎoshī: Zài lái yì hú bìluóchūn, yì hú máojiān. Wǒmen dàjiā zài shìshi
王老师：再来一壶碧螺春，一壶毛尖。我们大家再试试

zhè liǎng zhǒng chá, hǎo bu hǎo?
这两种茶，好不好？

Zhòngrén: Hǎo!
众人：好！

Mǎlìyà: Zhèxiē chá zhēn hǎohē!
玛丽娅：这些茶真好喝！

Lùxīyà: Zhè mòlìhuāchá qīngxiāng yírén. Tài hǎohē le, zài lái yì bēi!
露西娅：这茉莉花茶清香宜人。太好喝了，再来一杯！

Wáng lǎoshī: Búcuò ma! Tóngxuémen yǐjīng huì hē Zhōngguó chá le. Dàjiā hēwán chá tīng Dīng lǎoshī jiǎngjiang Zhōngguó de cháyè, hǎo bu hǎo?
王老师：不错嘛！同学们已经会喝中国茶了。大家喝完茶听丁老师讲讲中国的茶叶，好不好？

Zhòngrén: Hǎo!
众人：好！

Dīng lǎoshī: Zhōngguó shì shìjiè de cháxiāng. Xiāngchuán, sìqiān nián yǐqián, yí wèi jiào Shénnóng de rén jiù fāxiànle chá. Zhōnghuá Mínzú shì zuì xiān rènshi、zhòngzhí、zhìzuò cháyè de mínzú, Zhōngguó yě shì yǐn chá rénshù zuì duō de guójiā. Zǎo zài gōngyuán qībǎi bāshí nián, Tángdài de Lù Yǔ jiù zhuànxiěle yí bù《Chá Jīng》, zhè shì shìjiè shang zuì zǎo de yǒuguān chá de shū. Rénmen chēng Lù Yǔ wéi Chá Shèng.
丁老师：中国是世界的茶乡。相传，4000年以前，一位叫神农的人就发现了茶。中华民族是最先认识、种植、制作茶叶的民族，中国也是饮茶人数最多的国家。早在公元780年，唐代的陆羽就撰写了一部《茶经》，这是世界上最早的有关茶的书。人们称陆羽为茶圣。

生词 Vocabulario 11-3

1.	竹林	（名）	zhúlín	bosque de bambú
2.	茶苑	（名）	cháyuàn	casa de té
3.	老板	（名）	lǎobǎn	patrón, dueño
4.	空	（形）	kòng	vacío, libre
5.	座位	（名）	zuòwèi	asiento, sitio
6.	服务员	（名）	fúwùyuán	camarero, ra
7.	安静	（形）	ānjìng	tranquilo
8.	一共	（副）	yígòng	en total
9.	茉莉花茶	（名）	mòlìhuāchá	jazmín
10.	壶	（名）	hú	jarra, tetera
11.	紫砂	（名）	zǐshā	cinabrio
12.	沏	（动）	qī	preparar (té)
13.	味道	（名）	wèidào	sabor
14.	宜人	（形）	yírén	agradable
15.	发现	（动）	fāxiàn	descubrir
16.	种植	（动）	zhòngzhí	cultivar
17.	制作	（动）	zhìzuò	hacer, fabricar
18.	撰写	（动）	zhuànxiě	escribir

专名 Nombre propio

1. 杭州	Hángzhōu	Hangzhou
2. 西湖	Xī Hú	Lago del Oeste
3. 大卫	Dàwèi	David
4. 赫苏斯	Hèsūsī	Jesús
5. 露西娅	Lùxīyà	Lucía
6. 神农	Shénnóng	Chinnung
7. 陆羽	Lù Yǔ	Lu Yu
8. 中华民族	Zhōnghuá Mínzú	la nación china
9. 唐代	Tángdài	la dinastía Tang
10.《茶经》	《Chá Jīng》	*Sutra del té*
11. 茶圣	Chá Shèng	Santo de té

二、语法 Gramática

1. 连动句 Oración compuesta por verbos en serie

谓语中连用两个或两个以上动词（或动词结构）的句子叫连动句，它的基本结构是：主语 + 谓语 $_1$ +（宾语 $_1$）+ 谓语 $_2$ +（宾语 $_2$）。连动句可以分为以下几类：

Una oración compuesta de construcciones verbales en serie es aquella cuyo predicado contiene dos o más verbos (o construcciones verbales). Su estructura fundamental es: Sujeto + verbo$_1$ + (objeto$_1$) + verbo$_2$ + (objeto$_2$)

Las oraciones vinculadas se pueden dividir en las siguientes categorías:

（1）表示动作的连续 Acciones sucesivas

1）他吃过晚饭散步去了。

Después de cenar se fue a dar un paseo.

2）她身体不好，十点钟就上床睡觉去了。

Ella no se encuentra bien, a las 10:00 de la noche se ha ido a dormir.

（2）表示动作的目的 Objetivo de la acción

1）我们去茶馆喝茶。

Vamos a la casa del té a tomar el té.

2）我们去饭馆吃饭。

Vamos al restaurante a comer.

（3）表示动作的方式 Modo de la acción

1）她用筷子吃饭。

Ella come con palillos.

2）他们用毛笔写字。

Ellos escriben con pincel.

（4）表示动作的结果 Resultado de la acción

1）她出门迷路了。

Ella se extravió al salir.

2）他坐公共汽车丢了钱包。

Él perdió el monedero después de subir al autobús

（5）前一个动词为“有”或“没有”的连动句

El primero lleva “有” (tener) o “没有” (no tener) entre los dos verbos

1）老师有事找你。

El profesor tiene algo que hacer y te busca.

2）我们有事跟大家说。

Tenemos algo que decirles.

3）这个医生没有时间休息。

El médico no tiene tiempo para descansar.

2. 动态助词“过” Partícula verbal “过”

“过”放在动词之后，表示过去发生的动作。

“过” se pone después del verbo para expresar la acción ya concluida.

（1）这些茶，你们都喝过吗？

¿Han tomado ustedes estas marcas de té?

（2）有的喝过，有的没喝过。

Hemos tomado algunas, otras no.

（3）虽然没喝过，但是我们知道一些。

Aunque no hemos tomado ninguna de ellas, conocemos algunas.

（4）她去过上海。

Ella ha estado en Shanghai.

3. 复句 Oraciones compuestas

复句是指由两个或两个以上逻辑上有关联的单句组成的句子。

La oración compuesta está formada por dos o más oraciones simples relacionadas en su significado.

（1）假设复句 Oraciones compuestas supositivas

1）如果你明天有事，就不要来我家了。

Si tienes algo que hacer mañana, no vengas a mi casa.

2）如果你不喜欢这种茶，那就不要喝了。

Si no te gusta este té, deja de tomarlo.

（2）并列复句 Oraciones compuestas que expresan simultaneidad

1）我们一边听音乐一边喝茶。

Nosotros probamos el té, mientras escuchamos la música.

2）他们一边喝咖啡一边聊天儿。

Ellos toman café y charlan.

（3）转折复句　Oraciones compuestas concesivas

1）这种茶虽然没喝过，但是我知道一些。

Aunque no lo he probado, algo sé de este té.

2）他个子很高，却很灵活。

Él es alto, pero se ve muy ágil.

三、汉西对比 Comparación

茶文化与咖啡文化

中国的茶馆文化与拉美国家的咖啡馆文化有相似的地方。人们可以在茶馆和咖啡馆会友、聚会、谈生意、约会。无论是中国的茶馆，还是拉美国家的咖啡馆，都有当地人喜爱的艺术表演。中国人可以在茶馆里听相声、大鼓书等曲艺节目，拉美人则可以在咖啡馆里看弗拉门戈、塞维亚那舞、萨尔萨等。

在中国，广东人和四川人习惯将早饭说成是早茶，他们分别在茶楼和茶馆里吃早茶，拉美人则在咖啡馆里喝咖啡。茶馆和咖啡馆的饮食结构反映出两种不同的饮食文化。

茶馆一般有中国茶、中国风味的点心、花生米、蚕豆、煮毛豆等，而咖啡馆一般有咖啡、牛奶、火腿、奶酪、面包片等。

Comparación entre las culturas del té y del café

Las culturas del té en China y del café en Iberoámerica son similares en algunos aspectos. En las casas de té y en los cafés se puede hacer amigos, celebrar reuniones, trabajar y charlar. Tanto en los salones de té como en los cafés hay espectáculos artísticos, aunque las actuaciones son muy distintas. En los salones de té, la gente suele gozar de distintos espectáculos tradicionales chinos tal como xiangsheng (diálogo cómico), dagushu y otras formas artísticas muy populares. En Iberoamérica, la gente contempla en los cafés el flamenco, las sevillanas, la salsa u otras formas artísticas de diversos países iberoamericanos.

En las provincias de Guangdong y Sichuan de China, la gente suele llamar el desayuno como el té de la mañana y disfrutarlo a menudo en los salones de té, mientras que los lationoamericanos desayunan generalmente en cafés. Las comidas en los salones de té y cafés reflejan dos culturas gastronómicas.

En los salones de té hay gran variedad de tés, golosinas chinas, además de otras cosas ligeras como maní y edamame cocido. Por su parte, en los cafés iberoamericanos la gente puede pedir café, leche, queso y pan, entre otros productos.

四、汉字的偏旁 Radicales de los caracteres chinos

“心”：心字底　Ratical “corazón abajo”

jí	preocuparse
急	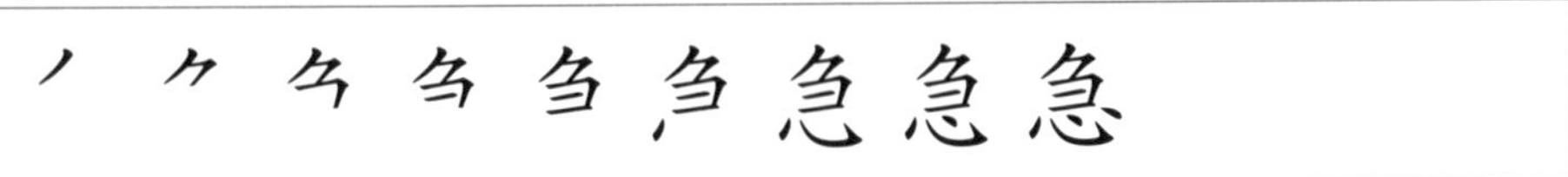
xiǎng	pensar
想	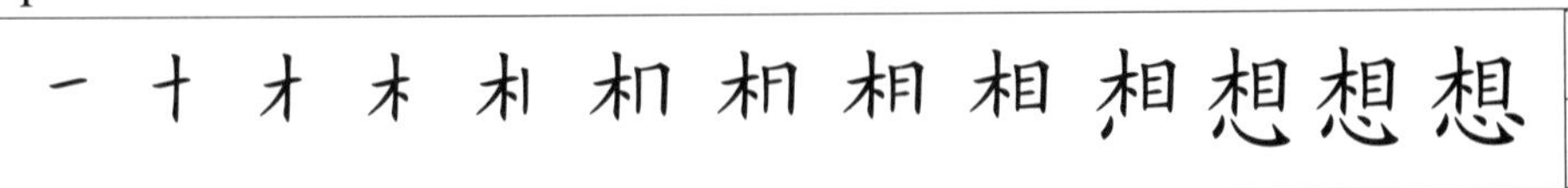
zěn	cómo
怎	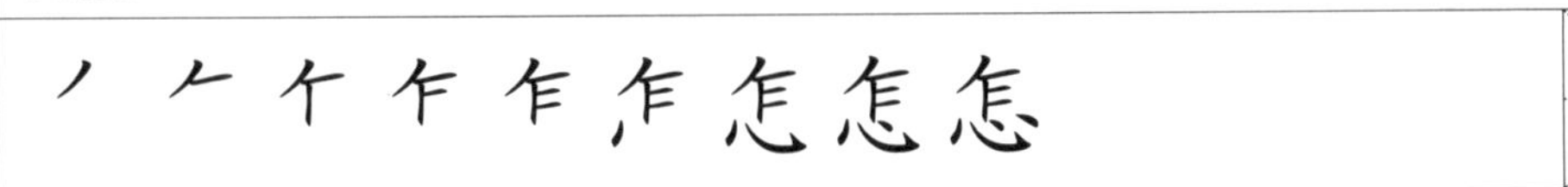
nín	usted
您	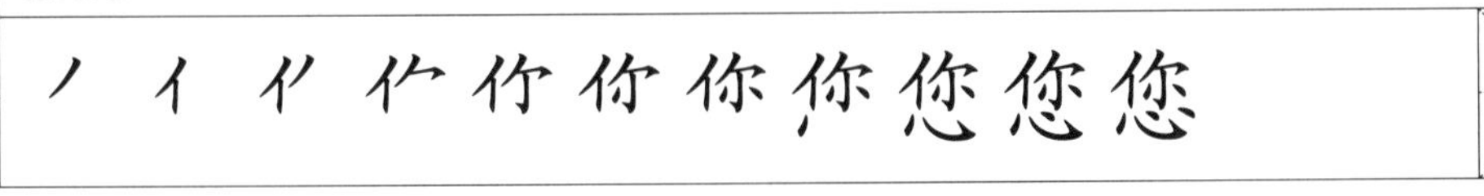

五、练习 Ejercicios

1. 语音练习 Ejercicios fonéticos

（1）古诗朗诵 Recite el siguiente poema clásico 11-4

xiāng sī
相思

[táng] wáng wéi
［唐］王维

hóng dòu shēng nán guó
红豆生南国，

chūn lái fā jǐ zhī
春来发几枝。

yuàn jūn duō cǎi xié
愿君多采撷，

cǐ wù zuì xiāng sī
此物最相思。

（2）朗读下列词语并写出拼音　Lea en voz alta las siguientes palabras y escriba su pinyin

紫砂__________	沏　__________
茶具__________	发现__________
种植__________	制作__________

（3）朗读下列词语　Lea en voz alta las siguientes palabras

博览会	bólǎnhuì	茉莉花	mòlìhuā
奥运会	àoyùnhuì	玫瑰花	méiguihuā
同学会	tóngxuéhuì	牡丹花	mǔdānhuā
研讨会	yántǎohuì	喇叭花	lǎbahuā
服务员	fúwùyuán	丁香花	dīngxiānghuā
炊事员	chuīshìyuán	木槿花	mùjǐnhuā
运动员	yùndòngyuán	月季花	yuèjìhuā

（4）朗读下列句子　Lea en voz alta las siguientes oraciones

1）他吃完早饭去图书馆了。

2）孩子们去游泳馆游泳了。

3）卡门还不会用毛笔写字。

4）何塞会用筷子吃饭。

5）他们去操场锻炼了。

6）奶奶出门迷路了。

7）大家等一等，老师有事和大家说。

8）医生没时间休息。

2. 找出下列句子中的连动句　Localice las oraciones compuestas de verbos en serie en las siguientes oraciones

（1）我们休息了一会儿就去上课了。

（2）他们吃完饭去看电影了。

（3）爸爸上班了。

（4）他看完书后去锻炼了。

（5）他去学校上课。

（6）爷爷坐着读报呢。

3. 将下列句子旁边的词语插入适当的位置　Intercale las palabras que están al lado en el lugar adecuado representado por las opciones

（1）我 A 茶壶 B 是 C 新买的。（的）　（　　）

（2）卡门 A 茶杯 B 摔坏 C 了。（的）　（　　）

（3）我 A 去 B 三次上海 C。（过）　（　　）

（4）大家 A 高兴 B 去茶馆 C 喝茶。（地）　（　　）

（5）何塞在 A 中国去 B 三次 C 竹林茶苑。（过）　（　　）

4. 连词成句　Construya oraciones con las siguientes palabras

（1）如果　有时间　图书馆　去　就　我

____

（2）你哥哥　几次　过　来　中国

____

（3）他　喝　咖啡馆　咖啡　去

____

（4）爸爸　看　坐　报纸　着

____

（5）你　过　听　音乐　古典　吗

____

（6）请　说　一边　写　一边

____

5. 造句　Construya oraciones con las siguientes palabras

（1）如果……，就……

____

（2）一边……一边……

____

（3）过

____

6. 将下列句子翻译成西班牙语　Traduzca al español las siguientes oraciones

（1）我们学过西班牙语。

____

（2）玛丽娅喝过碧螺春。

____

（3）你学过汉语吗？

____

（4）何塞读过这本书吗？

____

（5）我没喝过龙井茶。

____

（6）你去过几次故宫？

____

（7）我没去过泰山。

____

（8）他没有看过这个电影。

____

7. 主题会话 Conversación temática

四个人一组，介绍一下你和你的家人喜欢喝茶还是喝咖啡、你们喜欢什么茶或咖啡、你们什么时候喝、在哪儿喝。

En grupos de cuatro personas, charlen sobre sus gustos y los de su familia, si les gusta tomar té o café, qué tipo de té o cafés les gustan y cuándo y dónde lo toman.

8. 课后上网查一查，回答问题 Conteste a las siguientes preguntas buscando información en el Internet

（1）以生产瓷器闻名世界的景德镇在中国的哪个省？

¿En qué provincia de China está Jingdezhen, ciudad famosa por producir porcelana?

（2）中国有一种茶壶，用它泡茶能保持原味，茶也不容易变质。用常沏茶的壶盛水，偶尔不放茶叶，水也有茶香味。这种茶壶的名字是什么？它的产地在哪里？

En China hay un tipo de tetera especial. El té que se prepara en ella puede mantener el sabor original y no se estropea fácilmente. Si se usa este tipo de tetera frecuentemente, a veces sin echar té, el agua dentro de ella sigue teniendo la fragancia. ¿Cómo se llama este tipo de tetera? ¿En qué lugar se produce?

六、汉西对照阅读 Lea los siguientes textos chino-español

四合院

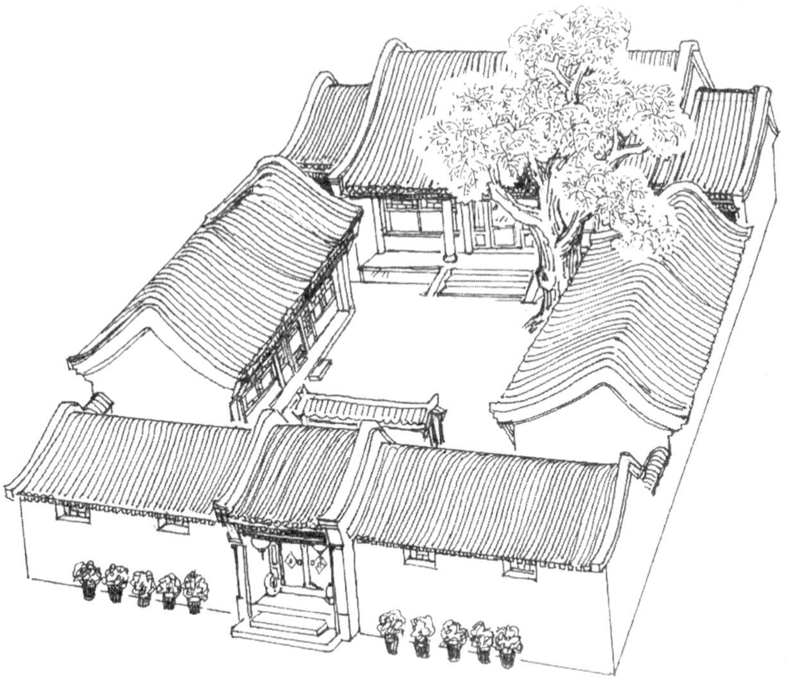

四合院是北京老城区的一种传统住宅，是胡同中的主要建筑。四合院由东、西、南、北四座房屋组成，是一种以四方对称形式构成的封闭式建筑。

四合院分正房、厢房、耳房等，按照家庭成员的长幼尊卑给以繁简大小的分配。老人一般住正房，年轻人住厢房。

四合院封闭性强，有利于防卫、防风沙，院内可以植树种花，美化环境。四合院是中国珍贵的民族文化遗产。

Casa de patio Cuadrado

Siheyuan es un tipo de vivienda tradicional que se encuentra en el casco antiguo de Beijing. Se trata de la principal estructura de *Hutong*. *Siheyuan*, que se forma de cuatro casas adosadas, sur y norte, este y oeste, es una vivienda cerrada, cuadrada y simétrica.

Las casas de *Siheyuan* se dividen en las habitaciones principales, que dan al sur, las laterales al este y oeste, que se denominan pabellones, y las que se denominan habitaciones de oreja. Estas clases de casas o habitaciones se distribuyen según las condiciones sociales y de la familia de cada uno que habita en la vivienda. Generalmente los ancianos viven en las habitaciones principales y los jóvenes, en los pabellones.

Siheyuan, un tipo de vivienda bien cerrado, tiene la ventaja de proteger del viento y su patio generalmnente adornado con plantas ornamentales da un ambiente muy agradable. *Siheyuan* constituye una parte de la herencia cultural de China.

第十二课 报刊亭

Lección 12 Quiosco de periódicos y revistas

关键句 Frases clave 12-1

Dàwèi ràng wǒ qù mǎi bàozhǐ.
1 大卫让我去买报纸。

Qǐng ná yí fèn 《Běijīng Qīngnián Bào》.
2 请拿一份《北京青年报》。

Yéye jiào wǒ qù mǎi zázhì.
3 爷爷叫我去买杂志。

Tóngwū ràng wǒ bāng tā huàn yì běn zázhì.
4 同屋让我帮他换一本杂志。

一、课文 Texto

Zài Zhōngguó mǎi bàozhǐ
（一）在中国买报纸 12-2

(Dàwèi ràng wǒ qù mǎi bàozhǐ)
（大卫 让 我 去 买 报纸）

Jiǎ: Nǐ hǎo! Qǐng lái yí fèn《Huánqiú Shíbào》.
甲： 你好！请 来一份《环球 时报》。

Yǐ: Yí kuài wǔ, náhǎo!
乙： 一块五，拿好！

Jiǎ: Xièxie!
甲： 谢谢！

…………………………………………

Bǐng: Láojià! Qǐng ná yí fèn《Běijīng Qīngnián Bào》.
丙： 劳驾！请 拿一份《北京 青年 报》。

Yǐ: Gěi nín.
乙： 给 您。

Bǐng:《Yángchéng Wǎnbào》 hé 《Běijīng Wǎnbào》 duōshao qián yí fèn?
丙：《羊城 晚报》和《北京 晚报》多少 钱一份？

Yǐ: 《Yángchéng Wǎnbào》《Běijīng Wǎnbào》dōu shì yí kuài qián yí fèn.
乙：《羊城 晚报》《北京 晚报》都 是一块 钱一份。

Bǐng: Qǐng ná yí fèn. Zhè shì yìbǎi yuán.
丙： 请 拿一份。这 是一百 元。

…………………………………………

Dīng: Láojià! 《Rénmín Rìbào》（Hǎiwàibǎn）、《Zhōngguó Rìbào》、《Běijīng Zhōubào》
丁： 劳驾！《人民日报》（海外版）、《中国日报》、《北京周报》

《Zhōngguó Huàbào》（Xībānyáwénbǎn）, yí yàng wǔ fèn.
《中国 画报》（西班牙文版），一 样 五份。

Yǐ: Yígòng yìbǎi liùshíbā kuài.
乙： 一共一百六十八块。

Dīng: Āiyō! Bù hǎoyìsi, wǒ de qián bú gòu le, míngtiān zài lái ba!
丁：哎哟！不好意思，我的钱不够了，明天再来吧！

Yǐ: Méi guānxi! Jīntiān shǎo mǎi liǎng fèn, yǒu duōshao suàn duōshao. Míngtiān zài mǎi míngtiān de.
乙：没关系！今天少买两份，有多少算多少。明天再买明天的。

Dīng: Hǎo! Jiù zhème bàn.
丁：好！就这么办。

生词 Vocabulario 12-3

1.	报刊亭	（名）	bàokāntíng	quiosco de periódicos y revistas
2.	让	（动）	ràng	pedir, hacer
3.	份	（量）	fèn	clasificador
4.	海外版		hǎiwàibǎn	edición de ultramar
5.	西班牙文版		Xībānyáwénbǎn	edición en español
6.	算	（动）	suàn	contar

专名 Nombre propio

1.	《环球时报》	《Huánqiú Shíbào》	*Tiempos del Globo*
2.	《北京青年报》	《Běijīng Qīngnián Bào》	*Jóvenes de Beijing*
3.	《羊城晚报》	《Yángchéng Wǎnbào》	*Vespertino de Yangcheng*
4.	《北京晚报》	《Běijīng Wǎnbào》	*Vespertino de Beijing*
5.	《人民日报》（海外版）	《Rénmín Rìbào》(Hǎiwàibǎn)	*Diario del Pueblo* (edición de ultramar)

6. 《中国日报》	《Zhōngguó Rìbào》	*China Daily*
7. 《北京周报》	《Běijīng Zhōubào》	*Beijing Informa*
8. 《中国画报》 （西班牙文版）	《Zhōngguó Huàbào》 (Xībānyáwénbǎn)	*China Ilustrada* (edición española)

Mǎi zázhì
（二）买杂志

12-4

(Māma jiào wǒ qù mǎi zázhì)
（妈妈 叫 我 去 买 杂志）

Jiǎ: Máfan nín! Qǐng gěi wǒ yì běn《Zhōngguó Fùnǚ》.
甲：麻烦您！请 给我一本《中国 妇女》。

Yǐ: Duìbuqǐ! Màiwán le. Míngtiān nǐ zài lái ba.
乙：对不起！卖完了。明天 你再来吧。

Jiǎ: Hǎo, zàijiàn!
甲：好，再见！

……………………………………

Bǐng: Qǐng gěi wǒ yì běn《Huánqiú》zázhì.
丙：请 给我一本《环球》杂志。

Yǐ: Gěi.
乙：给。

Bǐng: Wǒ hái xiǎng yào zuì shàngmiàn de nà běn.
丙：我还 想 要 最 上面 的那本。

Yǐ: Shì zhè běn 《Xīn Tǐyù》 ma? Dì-wǔ qī de.
乙：是这本《新体育》吗？第五期的。

Bǐng: Shì de. Yígòng duōshao qián?
丙：是的。一共 多少 钱？

Yǐ: Shíwǔ kuài qián. Nín náhǎo.
乙：十五 块 钱。您 拿好。

Bǐng: Tài gǎnxiè nín le.
丙： 太感谢您了。

(Tóngwū ràng wǒ bāng tā huàn yì běn zázhì)
（同屋 让 我 帮 他 换 一本 杂志）

Dīng: Duìbuqǐ! wǒ xiǎng huàn yì běn zázhì, xíng bu xíng?
丁： 对不起！我 想 换 一本杂志，行不行？

Yǐ: Xíng! Méi wèntí!
乙： 行！没问题！

Dīng: Xièxie!
丁： 谢谢！

....

Wù: Bù hǎoyìsi, zhè běn yǒudiǎnr zāng. Néng bu néng huàn běn xīn de?
戊： 不好意思，这本有点儿脏。能不能 换 本新的？

Yǐ: Bàoqiàn, jiù zhè yì běn le, wǒ gěi nǐ dǎ gè zhé ba.
乙： 抱歉，就这一本了，我给你打个折吧。

Wù: Hǎo ba!
戊： 好吧！

....

(Lǎoshī ràng wǒ qù mǎi《Zuòjiā Wénzhāi》)
（老师 让 我 去 买《作家 文摘》）

Jǐ: 《Zuòjiā Wénzhāi》duōshao qián yì běn?
己：《作家文摘》多少 钱一本？

Yǐ: 《Zuòjiā Wénzhāi》shí kuài qián yì běn.
乙：《作家文摘》十 块 钱 一本。

Jǐ: Lái liǎng běn. Zhè shì wǔshí kuài.
己： 来两 本。这是五十 块。

Yǐ: Zhǎo nín sānshí kuài, qǐng shǔ yíxià.
乙： 找 您 三十 块，请 数 一下。

生词 Vocabulario 12-5

1.	杂志	（名）	zázhì	revista
2.	叫	（动）	jiào	mandar
3.	期	（量）	qī	clasificador (de una revista)
4.	脏	（形）	zāng	sucio, manchado
5.	抱歉	（形）	bàoqiàn	sentir, lamentar
6.	就	（副）	jiù	sólo
7.	打折		dǎ//zhé	descontar, hacer descuento
8.	找	（动）	zhǎo	devolver (cambio de dinero)

专名 Nombre propio

1.	《中国妇女》	《Zhōngguó Fùnǚ》	*Mujeres de China*
2.	《环球》	《Huánqiú》	*Globo*
3.	《新体育》	《Xīn Tǐyù》	*Nueva Deportiva Revista*
4.	《作家文摘》	《Zuòjiā Wénzhāi》	*Writer's Digest*

二、语法 Gramática

1. 兼语句 Oración con un elemento de doble función

兼语句是由一个动宾词组和一个主谓词组套在一起，使动宾词组中的宾语同时成为后面主谓词组的主语的句子。兼语句的基本结构是"$S + V_1 + O + V_2$"，其中，"V_1"通常由"请、叫、让"等词语充当。

La forma telescópica es una oración construida por dos oraciones, la primera tiene verbo y objeto y la segunda tiene sujeto y predicado, el objeto de la primera es también el sujeto de la segunda.

（1）老师让我再读一遍课文。（"我"既是"让"的宾语，也是"读"的主语）

El profesor me pide leer la lección otra vez. ("yo" es el objeto de la primera oración y a la vez el sujeto de la segunda.)

（2）小董叫小陈去图书馆。（"小陈"既是"叫"的宾语，也是"去图书馆"的主语）

Xiaodong le pide a Xiaochen ir a la biblioteca. ("Xiaochen" es el objeto de la primera oración y a la vez el sujeto de la segunda.)

有的兼语句没有主语，这类兼语句叫无主兼语句。Hay oraciones de este tipo sin sujeto.

（1）请您试一下。 ¡Prueba por favor!

（2）请您自己去换吧。 ¡Cambie usted mismo por favor!

2. 祈使句　Oraciones exhortativas

表示请求、命令、劝止等语气的句子是祈使句。例如：

Oración exhortativa es aquella que expresa una petición o requerimiento, una orden, un consejo, una prohibición, etc.

（1）请来一份《环球时报》。 ¡Dame un ejemplar de *Globo*!

（2）给我。 ¡Dámelo!

（3）别说话了。 Deja de hablar

（4）别哭了。 ¡No llores!

（5）请喝茶。 ¡Tome té por favor!

三、汉西对比 Comparación

如何找零钱

在中国商店购物付款时，计算、交换现金的方式同西方不一样。比如：买东西的人要在中国商店里买一盒 70 元的茶叶，他给了售货员 100 元，售货员退给他 30 元，中国人称这种做法为“找钱”，本课出现的“找您 30 块”就是这个意思。这里用的是“100-70=30”的减法计算方式。西方人则习惯用“70+30=100”的加法计算方法。在整个现金交换过程中，如果你买的是价值 70 元的东西，则售票员会一边找钱，一边数“80、90”，直到“100”，售货员一般不会说出“30”这个数字，因而也就没有必要给这“30 块钱”一个特定的说法。

Diferencias de devolver el cambio de dinero en China y en Occidente

En las tiendas chinas, cuando se paga, la manera de devolver el cambio de dinero es diferente que en las occidentales. Por ejemplo: cuando uno quiere comprar una caja de té con un valor de 70 yuanes y le entrega al vendedor 100 yuanes, que, a su vez, devuelve al cliente 30 yuanes, lo que llaman los chinos “找钱”, tal como “找您 30 块” que aparece en esta lección. Aquí se usa la manera de sustracción (100-70=30), mientras que los occidentales suelen usar la manera de suma (70+30=100) y en este caso no es necesario tener un término especial para expresar “30 块”.

四、汉字的偏旁 Radicales de los caracteres chinos

"米": 米字旁　Radical "arroz" al lado

liào	materias primas, estimar
料	

fěn	polvo, rosa (color)
粉	

lì	grano
粒	

liáng	cereales, víveres
粮	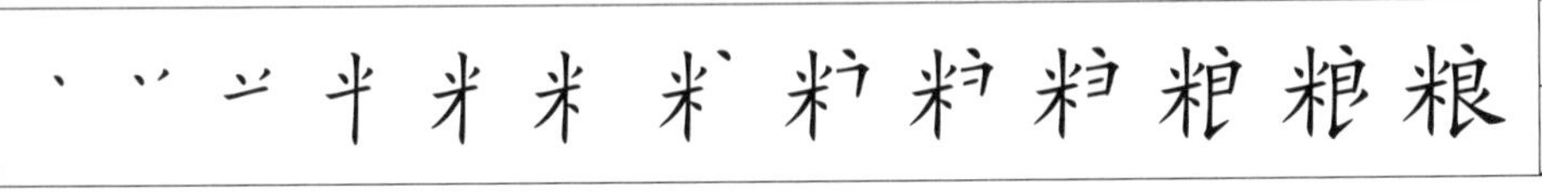

táng	azúcar
糖	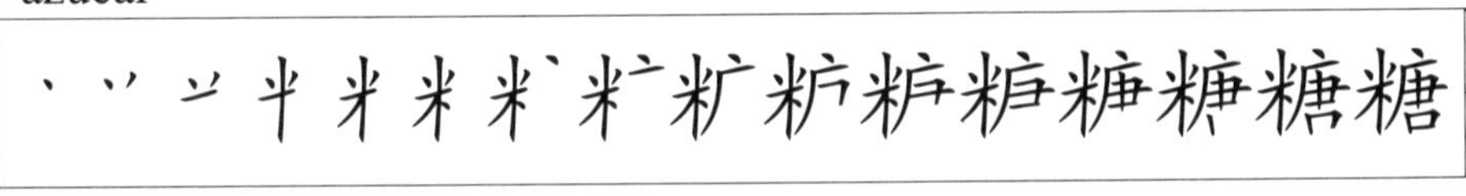

五、练习 Ejercicios

1. 语音练习 Ejercicios fonéticos

（1）古诗朗诵 Recite el siguiente poema clásico 12-6

jiǔ yuè jiǔ rì yì shān dōng xiōng dì
九月九日忆山东兄弟

[táng] wáng wéi
［唐］王 维

dú zài yì xiāng wéi yì kè
独在异乡为异客，
měi féng jiā jié bèi sī qīn
每逢佳节倍思亲。
yáo zhī xiōng dì dēng gāo chù
遥知兄弟登高处，
biàn chā zhū yú shǎo yì rén
遍插茱萸少一人。

（2）朗读下列句子并写出拼音 Lea en voz alta las siguientes oraciones y escriba su pinyin

1）何塞叫王明去买书。 ____________________

2）你好！请来一份《北京青年报》。 ____________________

3）爷爷让乐乐去换报纸。 ____________________

4）妈妈让我去书店买书。 ____________________

5）大卫请我们一起吃饭。 ____________________

6）老师让我们写汉字。 ____________________

7）老板，请给我一本杂志。多少钱？ ____________________

2. 找出下列兼语句中既是宾语又是主语的词语

Localice la palabra que sirve como el objeto a la vez que como el sujeto en las siguientes oraciones

（1）晚上她请我们吃饭。

（2）请大家听我讲讲中国的茶叶。

（3）大卫让我去买报纸。

（4）老师让我读一读课文。

（5）同屋让我给他换一本杂志。

（6）爷爷叫我去买杂志。

（7）他们叫小王唱歌。

（8）大家让何塞唱歌。

（9）奶奶叫阿姨去买牛奶。

（10）爷爷让孙子去拿报纸。

（11）她让我帮她买一些苹果。

（12）老师叫学生写作业。

3. 替换练习 Ejercicios de sustitución

（1）A：大卫在家吗？

B：在，你找他什么事？

A：我叫他<u>去</u> <u>游泳</u>。

去	游泳
去	饭馆
看望	王老师
去	图书馆
帮我	学习汉语

（2）<u>老师</u>让他<u>说汉语</u>。

老师	说汉语
妈妈	吃饭
朋友	介绍中国菜
爷爷	买一份报纸
哥哥	买三个苹果

4. 将下列句子翻译成西班牙语 Traduzca al español las siguientes oraciones

（1）明天她请我们看电影。

____

（2）请大家听老师讲讲中国的茶文化。

____

（3）大卫让我去买杂志。

____

（4）老师叫我去图书馆。

____

（5）同屋让我给他换一双鞋。

____

（6）爷爷叫我去买今天的报纸。

____

5. 课后上网查一查，回答问题　Conteste a las siguientes preguntas buscando información en el Internet

（1）中国国家通讯社叫什么？
¿Cómo se llama la Agencia Nacional de Noticias de China?

（2）中国最重要的全国性报纸是什么？
¿Cuál es el periódico nacional más importante de China?

（3）中国第一份全国性的英文报纸是什么？
¿Cuál fue el primer periódico nacional en inglés de China?

（4）《今日中国》这本杂志的创办人是谁？
¿Quién es el fundador de la revista *China Today*?

6. 命题作文　Escriba un artícula con el título dado

请以《一个快乐的星期天》为题写一篇作文。写作要求：用动态助词“着”“了”“过”讲述这一天的活动，至少 400 个字。

Escriba una composición bajo el título “Un feliz domingo”. Requisitos de escritura: Use las partículas “着”, “了”, “过” para describir las actividades del día, con no menos de 400 carateres chinos.

六、汉西对照阅读 Lea los siguientes textos chino-español

1. 中国的报纸和杂志 Principales periódicos de China

《北京青年报》 *Jóvenes de Beijing*	《中国日报》 *China Daily*
《北京日报》 *Diario de Beijing*	《中国青年报》 *Jóvenes Chinos*
《北京周报》 *Beijing Informa*	《环球》 *Globo*
《参考消息》 *Noticias de Referencias*	《世界博览》 *Lecturas del Mundo*
《光明日报》 *Diario Guangming*	《新体育》 *Nueva Deportiva Revista*
《环球时报》 *Tiempos del Globo*	《中国妇女》 *Mujeres de China*
《经济日报》 *Diario Económico*	《中国画报》 *China Ilustrada*
《人民日报》 *Diario del Pueblo*	

2. 西班牙和拉美国家的主要报纸 Principales periódicos de España y Latinoamérica

西班牙	《ABC 报》	*ABC*
	《国家报》	*El País*
	《先锋报》	*La Vanguardia*
	《世界报》	*El Mundo*
阿根廷	《理性报》	*La Razón*
	《民族报》	*Nacional*
	《号角报》	*Clarín*
秘鲁	《商报》	*El Comercio*
	《邮报》	*El Correo*

（续表）

玻利维亚	《每日新闻报》	*Diario*
	《理性报》	*La Razón*
厄瓜多尔	《今日报》	*Hoy*
哥伦比亚	《时代报》	*El Tiempo*
	《观察家报》	*El Espectador*
哥斯达黎加	《先驱报》	*El Heraldo*
	《民族报》	*La Nación*
古巴	《格拉玛报》	*Grama*
	《起义青年报》	*Juventud Revelde*
墨西哥	《宇宙报》	*Universal*
	《劳动报》	*La Jornada*
委内瑞拉	《最新消息报》	*Últimas Noticias*
	《宇宙报》	*El Universal*
乌拉圭	《共和国报》	*La República*
智利	《信使报》	*El Mercurio*
	《三点钟报》	*La Tercera*
	《最新消息报》	*Las Últimas Noticias*

附录一 总词汇表
Apéndice I Glosario

A

安静	（形）	ānjìng	tranquilo	11

B

办公楼	（名）	bàngōnglóu	edificio de oficinas	5
帮	（量）	bāng	clasificador	4
报刊亭	（名）	bàokāntíng	quiosco de periódicos y revistas	12
报纸	（名）	bàozhǐ	periódico	3
抱歉	（形）	bàoqiàn	sentir, lamentar	12
北	（名）	běi	norte	1
北边	（名）	běibian	norte	5
笨	（形）	bèn	torpe	10
蹦	（动）	bèng	brincar	8
比赛	（名）	bǐsài	competición	8
必须	（副）	bìxū	tener que	7
边	（名）	biān	lado	5
冰箱	（名）	bīngxiāng	nevera, refrigerador	3
饼干	（名）	bǐnggān	galleta	9
博物馆	（名）	bówùguǎn	museo	5

部长	（名）	bùzhǎng	ministro, tra	7

C

猜	（动）	cāi	adivinar	10
参加	（动）	cānjiā	participar	7
草莓	（名）	cǎoméi	fresa	9
草坪	（名）	cǎopíng	césped	8
层	（量）	céng	piso, planta	5
茶	（名）	chá	té	9
茶苑	（名）	cháyuàn	casa de té	11
长	（形）	cháng	largo	2
超过	（动）	chāoguò	pasar de, exceder	6
车库	（名）	chēkù	garaje	3
窗子	（名）	chuāngzi	ventana	8
吹	（动）	chuī	soplar	8
吹牛		chuī//niú	fanfarronear	3
从前	（名）	cóngqián	antes	7
村（子）	（名）	cūn (zi)	pueblo, aldea	6

D

打	（动）	dǎ	golpear, pegar	8
打折		dǎ//zhé	descontar, hacer descuento	12
带	（动）	dài	llevar	10
单身	（动）	dānshēn	soltero	4

当	（动）	dāng	ser, trabajar como	7
当面	（副）	dāngmiàn	personalmente, cara a cara	7
到处	（副）	dàochù	por todas partes	1
等	（动）	děng	esperar	6
瞪	（动）	dèng	abrir mucho los ojos	8
地方	（名）	dìfang	lugar	1
地上	（名）	dìshang	tierra	4
地图	（名）	dìtú	mapa	2
地下	（名）	dìxià	subterráneo	5
点心	（名）	diǎnxin	golosina	9
电磁炉	（名）	diàncílú	microondas	3
电灯	（名）	diàndēng	lámpara	3
电话	（名）	diànhuà	teléfono	3
电视机	（名）	diànshìjī	televisor	3
电视台	（名）	diànshìtái	Televisión	1
电影院	（名）	diànyǐngyuàn	cine	8
电熨斗	（名）	diànyùndǒu	plancha eléctrica	3
东	（名）	dōng	este	1
东北	（名）	dōngběi	noreste	5
东边	（名）	dōngbian	este	5
东南	（名）	dōngnán	sudeste	5
东西	（名）	dōngxi	cosa	3
懂	（动）	dǒng	entender, comprender	7

独立	（动）	dúlì	ser independiente	7
读	（动）	dú	leer	10
对联	（名）	duìlián	dístico de la Fiesta de Primavera	10
多	（形）	duō	mucho	1
多少	（代）	duōshao	cuántos, cuántas	4

F

发现	（动）	fāxiàn	descubrir	11
房东	（名）	fángdōng	dueño de casa, casera, ra	7
房子	（名）	fángzi	casa, vivienda	3
放	（动）	fàng	poner, colocar	9
飞机	（名）	fēijī	avión	1
飞机场	（名）	fēijīchǎng	aeropuerto	1
份	（量）	fèn	clasificador	12
风	（名）	fēng	viento	8
服务员	（名）	fúwùyuán	camarero, ra	11
服装店	（名）	fúzhuāngdiàn	tienda de ropa	5
附近	（名）	fùjìn	cerca de	5
副	（量）	fù	clasificador	10

G

刚才	（副）	gāngcái	acabar de, recientemente	10
钢琴	（名）	gāngqín	piano	3

歌手	（名）	gēshǒu	cantante	7
根本	（副）	gēnběn	ni siquiera	8
工作	（动）	gōngzuò	trabajo	1
公寓	（名）	gōngyù	bloque de viviendas	1
够	（动）	gòu	suficiente	6
姑姑	（名）	gūgu	tía (hermana del padre)	1
古典	（形）	gǔdiǎn	clásico	9
古时候		gǔ shíhou	en tiempos remotos	10
官	（名）	guān	alto funcionario, oficial de alto rango	10
光临	（动）	guānglín	honrar con la presencia	7
广场	（名）	guǎngchǎng	plaza	1

H

还是	（连）	háishi	o	9
孩子	（名）	háizi	hijo, hija	4
海	（名）	hǎi	mar	4
海报	（名）	hǎibào	cartel	3
海带	（名）	hǎidài	alga kombu	5
海外版		hǎiwàibǎn	edición de ultramar	12
喝	（动）	hē	beber	9
红	（形）	hóng	rojo	9
红茶	（名）	hóngchá	té negro	9
后来	（名）	hòulái	después	7

壶	（名）	hú	jarra, tetera	11
蝴蝶	（名）	húdié	mariposa	8
花	（名）	huā	flor; planta decorativa	6
花园	（名）	huāyuán	jardín	3
画	（动）	huà	dibujar	1
换	（动）	huàn	cambiar	9
会	（助动）	huì	saber, tener la capacidad	7
火车	（名）	huǒchē	tren	1
火车站	（名）	huǒchēzhàn	estación de tren	1

J

吉他	（名）	jítā	guitarra	9
极了		jí le	extremadamente	8
急	（形）	jí	preocupado, inquietado	10
加油站	（名）	jiāyóuzhàn	gasolinera	1
将军	（名）	jiāngjūn	general	7
将来	（名）	jiānglái	futuro	7
讲	（动）	jiǎng	contar, narrar, hablar	9
浇	（动）	jiāo	regar, echar agua	8
叫	（动）	jiào	mandar	12
姐妹	（名）	jiěmèi	hermanas (refiriéndose a hermana mayor y menor mayor)	4
今后	（名）	jīnhòu	en adelante	7

金	（名）	jīn	oro	5
经典	（形）	jīngdiǎn	clásico	9
就	（副）	jiù	simplemente	1
就	（副）	jiù	sólo	12
举行	（动）	jǔxíng	celebrar, organizar	7
剧场	（名）	jùchǎng	teatro, coliseo	5
聚会	（动）	jùhuì	reunirse	8

K

咖啡	（名）	kāfēi	café	9
咖啡馆	（名）	kāfēiguǎn	cafetería	5
开	（动）	kāi	abrir	8
看见		kàn//jiàn	ver	1
看望	（动）	kànwàng	visitar	8
考试	（动）	kǎoshì	examen	8
科学家	（名）	kēxuéjiā	científico, ca	7
颗	（量）	kē	clasificador chino	4
肯定	（副）	kěndìng	de todas maneras	8
空气	（名）	kōngqì	aire	8
空调	（名）	kōngtiáo	aire acondicionado	3
空	（形）	kòng	vacío, libre	11
口	（量）	kǒu	clasificador	4
快	（形）	kuài	rápido	6

矿	（名）	kuàng	mina	5

L

老板	（名）	lǎobǎn	patrón, dueño	11
离婚		lí//hūn	divorciarse	4
里	（名）	lǐ	interior	4
理发店	（名）	lǐfàdiàn	peluquería	5
两	（数）	liǎng	dos	1
留影		liú//yǐng	tomar foto; fotografiar	1
旅馆	（名）	lǚguǎn	hotel	5
绿	（形）	lǜ	verde	9
绿茶	（名）	lǜchá	té verde	9

M

马路	（名）	mǎlù	calle	8
马上	（副）	mǎshàng	ahora mismo	1
蚂蚁	（名）	mǎyǐ	hormiga	8
毛衣	（名）	máoyī	suéter	8
帽子	（名）	màozi	gorra, sombrero	3
没有	（动）	méiyǒu	no tener	3
煤炭	（名）	méitàn	carbón	5
美丽	（形）	měilì	bonito	7
美术	（名）	měishù	bellas artes	1
门	（名）	mén	puerta	8

蜜蜂	（名）	mìfēng	abeja	8
妙	（形）	miào	excelente	10
明白	（动）	míngbai	entender, comprender	10
磨蹭	（动）	móceng	ser moroso	6
茉莉花茶	（名）	mòlìhuāchá	jazmín	11

N

哪儿	（疑问代词）	nǎr	dónde	1
那里	（代）	nàlǐ	ahí, allí, allá	1
耐心	（形）	nàixīn	paciencia	6
男孩儿	（名）	nánháir	chico	4
南	（名）	nán	sur	1
南边	（名）	nánbian	sur	5
闹	（动）	nào	retozar	8
念	（动）	niàn	leer	10
牛奶	（名）	niúnǎi	leche	9
女孩儿	（名）	nǚháir	chica	4

P

趴	（动）	pā	estar tumbado, estar boca abajo	8
爬	（动）	pá	arrastrarse	8
旁边	（名）	pángbiān	al lado	5
跑	（动）	pǎo	correr	8
喷泉	（名）	pēnquán	fuente	5

平原	（名）	píngyuán	llanura	2
仆人	（名）	púrén	sirviente	10

Q

沏	（动）	qī	preparar (té)	11
妻子	（名）	qīzi	esposa	4
期	（量）	qī	clasificador (de una revista)	12
起	（动）	qǐ	partir, empezar	2
汽车	（名）	qìchē	automóvil	3
钱	（名）	qián	dinero	3
翘	（动）	qiào	levantar	8
清楚	（形）	qīngchu	claro	10
蜻蜓	（名）	qīngtíng	libélula	8
穷	（形）	qióng	pobre	10
求	（动）	qiú	suplicar	6
球迷	（名）	qiúmí	hincha, aficionado	8
去	（动）	qù	ir	6
缺	（动）	quē	faltar	10

R

让	（动）	ràng	pedir, hacer	12

S

三角洲	（名）	sānjiǎozhōu	delta	2
珊瑚	（名）	shānhú	coral	5

T

天使	（名）	tiānshǐ	ángel	7
田野	（名）	tiányě	campo	5
甜	（形）	tián	dulce	9
挑	（动）	tiāo	elegir	9
条	（量）	tiáo	clasificador chino	4
跳	（动）	tiào	saltar	8
铁	（名）	tiě	hierro	5
亭	（名）	tíng	quiosco	6
停车场	（名）	tíngchēchǎng	aparcamiento, estacionamiento	5
通知	（动）	tōngzhī	avisar	8
铜	（名）	tóng	cobre	5
图书馆	（名）	túshūguǎn	biblioteca	1

U

U 盘	（名）	U pán	USB	9

W

袜子	（名）	wàzi	calcetines	3
完	（动）	wán	terminar	4
晚会	（名）	wǎnhuì	velada	7
尾巴	（名）	wěiba	rabo	8
味道	（名）	wèidào	sabor	11
问题	（名）	wèntí	pregunta	4

X

西	（名）	xī	oeste	1
西班牙文版		Xībānyáwénbǎn	edición en español	12
西北	（名）	xīběi	noroeste	5
西边	（名）	xībian	oeste	5
西南	（名）	xīnán	suroeste	5
希望	（动）	xīwàng	esperar	7
洗手间	（名）	xǐshǒujiān	cuarto de baño, servicio, sanitario	5
洗衣机	（名）	xǐyījī	lavadora	3
虾	（名）	xiā	gamba, camarón	4
下	（量）	xià	clasificador verbal	6
咸	（形）	xián	salado	9
现代	（形）	xiàndài	moderno	9
像	（动）	xiàng	como	7
笑	（动）	xiào	reír	8
谐音	（动）	xiéyīn	homofonía	10
鞋	（名）	xié	zapatos	3
星星	（名）	xīngxing	estrella	4
星座	（名）	xīngzuò	constelación	7
兄弟	（名）	xiōngdì	hermanos (refiriéndose a hermano mayor y menor)	4

Y

烟	（名）	yān	humo de cocina	6
眼睛	（名）	yǎnjing	ojos	8
羊	（名）	yáng	oveja, cordero	4
阳光	（名）	yángguāng	rayo del Sol	8
阳台	（名）	yángtái	balcón	8
药店	（名）	yàodiàn	farmacia	5
要是	（连）	yàoshi	si	8
衣服	（名）	yīfu	ropa	3
医院	（名）	yīyuàn	hospital	1
一共	（副）	yígòng	en total	11
一会儿		yíhuìr	un rato	6
宜人	（形）	yírén	agradable	11
一边……一边……		yìbiān……yìbiān……	simultaneidad de dos acciones, mientras	9
亿万富翁	（名）	yìwàn fùwēng	millonario	4
银	（名）	yín	plata	5
应该	（助动）	yīnggāi	deber	4
影视城	（名）	yǐngshìchéng	Ciudad del Cine	5
游泳馆	（名）	yóuyǒngguǎn	piscina	1
有	（动）	yǒu	tener, haber	2
又	（副）	yòu	volver a, otra vez	7
鱼	（名）	yú	pez	4

院子	（名）	yuànzi	patio	8
月亮	（名）	yuèliang	luna	4

Z

杂志	（名）	zázhì	revista	12
再	（副）	zài	otra vez, de nuevo	7
在	（动）	zài	estar	1
脏	（形）	zāng	sucio, manchado	12
找	（动）	zhǎo	devolver (cambio de dinero)	12
照	（动）	zhào	iluminar, brillar	8
照相		zhào//xiàng	tomar foto; fotografiar	1
照相机	（名）	zhàoxiàngjī	cámara fotográfica	3
这里	（代）	zhèlǐ	aquí, acá	2
这儿	（代）	zhèr	aquí, acá	2
只	（量）	zhī	clasificador chino	4
知道	（动）	zhīdào	saber	1
织	（动）	zhī	tejer	8
至少	（副）	zhìshǎo	a lo mínimo	6
制作	（动）	zhìzuò	hacer, fabricar	11
中间	（名）	zhōngjiān	(en) medio (de)	5
中心	（名）	zhōngxīn	centro	5
种植	（动）	zhòngzhí	cultivar	11
重要	（形）	zhòngyào	importante	7
竹林	（名）	zhúlín	bosque de bambú	11

主持人	（名）	zhǔchírén	presentador, ra	7
住院		zhù//yuàn	hospitalizarse	8
祝贺	（动）	zhùhè	felicitar	7
抓紧	（动）	zhuājǐn	darse prisa	6
撰写	（动）	zhuànxiě	escribir	11
追	（动）	zhuī	perseguir	8
准备	（动）	zhǔnbèi	preparar	8
紫砂	（名）	zǐshā	cinabrio	11
自己	（代）	zìjǐ	(a uno) mismo/a	7
字典	（名）	zìdiǎn	diccionario	3
走	（动）	zǒu	marcharse	6
最多		zuì duō	a lo máximo	6
最近	（名）	zuìjìn	reciente	7
座	（量）	zuò	clasificador para construcciones, montañas, etc.	6
座位	（名）	zuòwèi	asiento, sitio	11
做饭		zuò//fàn	cocinar	8

附录二 专有名词表
Apéndice II Nombre propio

A

《阿兰胡埃斯协奏曲》	《Ālánhú'āisī Xiézòuqǔ》	*Concierto de Aranjuez*	9
艾莱娜	Àiláinà	Elena	2
安娜	Ānnà	Ana	2
澳大利亚	Àodàlìyà	Australia	2

B

八达岭长城	Bādá Lǐng Chángchéng	Sector Badaling de la Gran Muralla	5
巴黎	Bālí	París	1
白羊座	Báiyáng Zuò	Aries	7
《北京青年报》	《Běijīng Qīngnián Bào》	*Jóvenes de Beijing*	12
《北京晚报》	《Běijīng Wǎnbào》	*Vespertino de Beijing*	12
《北京周报》	《Běijīng Zhōubào》	*Beijing Informa*	12
北美洲	Běiměizhōu	América del Norte, Norteamérica	2
比萨斜塔	Bǐsà Xiétǎ	Torre inclinada de Pisa	1

C

《茶经》	《Chá Jīng》	*Sutra del té*	11

茶圣	Chá Shèng	Santo de té	11
长城	Chángchéng	Gran Muralla	2
长江	Cháng Jiāng	río Yangtsé	2
陈卓	Chén Zhuó	Chen Zhuo	9

D

大卫	Dàwèi	David	11
大洋洲	Dàyángzhōu	Oceanía	2

F

非洲	Fēizhōu	África	2
佛罗伦萨	Fóluólúnsà	Florencia	1

G

故宫	Gùgōng	Palacio Imperial	5
广东	Guǎngdōng	Cantón	2
国家博物馆	Guójiā Bówùguǎn	Museo Nacional	5

H

《哈拉拜》	《Hālābài》	*Jarabe*	9
海河	Hǎi Hé	río Haihe	2
杭州	Hángzhōu	Hangzhou	11
赫苏斯	Hèsūsī	Jesús	11
黑龙江	Hēilóng Jiāng	río Heilongjiang	2
华北平原	Huáběi Píngyuán	llanura Huabei	2

《环球》	《Huánqiú》	*Globo*	12
《环球时报》	《Huánqiú Shíbào》	*Tiempos del Globo*	12
黄河	Huáng Hé	río Amarillo	2
黄浦江	Huángpǔ Jiāng	río Huangpu	2

J

加拿大	Jiānádà	Canadá	2
嘉峪关	Jiāyù Guān	paso Jiayuguan	2
金牛座	Jīnniú Zuò	Tauro	7

L

腊月	Làyuè	diciembre del calendario lunar	7
劳尔	Láo'ěr	Raúl	1
刘萍萍	Liú Píngping	Liu Pingping	8
陆羽	Lù Yǔ	Lu Yu	11
露西娅	Lùxīyà	Lucía	11
罗莎	Luóshā	Rosa	1

M

马里	Mǎlǐ	Malí	2
玛丽娅	Mǎlìyà	María	4
米兰	Mǐlán	Milán	1
密云水库	Mìyún Shuǐkù	Embalse de Miyun	5
墨西哥	Mòxīgē	México	9

N

那不勒斯	Nàbùlèsī	Nápoles	1
南极洲	Nánjízhōu	Antártida	2
南美洲	Nánměizhōu	América del Sur, Sudamérica	2
南希	Nánxī	Nancy	7

O

欧洲	Ōuzhōu	Europa	2

P

庞贝	Pángbèi	Pompeya	1
皮拉尔	Pílā'ěr	Pilar	2

Q

前门	Qián Mén	Puerta Quianmen	1

R

人民大会堂	Rénmín Dàhuìtáng	Gran Salón del Pueblo	5
《人民日报》（海外版）	《Rénmín Rìbào》（Hǎiwàibǎn）	*Diario del Pueblo* (edición de ultramar)	12
人民英雄纪念碑	Rénmín Yīngxióng Jìniànbēi	Monumento a los Heróes del Pueblo	5

S

山海关	Shānhǎi Guān	paso Shanhaiguan	2

新疆维吾尔自治区	Xīnjiāng Wéiwú'ěr Zìzhìqū	la Región Autónoma Uigur	2
《新体育》	《Xīn Tǐyù》	*Nueva Deportiva Revista*	12

Y

亚洲	Yàzhōu	Asia	2
严斌	Yán Bīn	Yan Bin	8
《羊城晚报》	《Yángchéng Wǎnbào》	*Vespertino de Yangcheng*	12
叶妮	Yènī	Jenny	7

Z

张宁	Zhāng Níng	Zhang Ning	2
赵立	Zhào Lì	Zhao Li	8
中国	Zhōngguó	China	2
《中国妇女》	《Zhōngguó Fùnǚ》	*Mujeres de China*	12
《中国画报》（西班牙文版）	《Zhōngguó Huàbào》（Xībānyáwénbǎn）	*China Ilustrada* (edición española)	12
《中国日报》	《Zhōngguó Rìbào》	*China Daily*	12
中华民族	Zhōnghuá Mínzú	la nación china	11
周口店	Zhōukǒudiàn	(lugar donde habitó el Hombre de Pekín)	5
珠江	Zhū Jiāng	río de las Perlas	2
珠江三角洲	Zhū Jiāng Sānjiǎozhōu	Delta del río Perla	2
《作家文摘》	《Zuòjiā Wénzhāi》	*Writer's Digest*	12

附录三　中国行政区划及简称
Apéndice III　Demarcaciones administrativas de China y sus abreviaturas

行政区划	简称	行政区划	简称
北京市	京	湖南省	湘
天津市	津	广东省	粤
河北省	冀	广西壮族自治区	桂
山西省	晋	海南省	琼
内蒙古自治区	内蒙古	重庆市	渝
辽宁省	辽	四川省	川或蜀
吉林省	吉	贵州省	黔或贵
黑龙江省	黑	云南省	滇或云
上海市	沪	西藏自治区	藏
江苏省	苏	陕西省	陕或秦
浙江省	浙	甘肃省	甘或陇
安徽省	皖	青海省	青
福建省	闽	宁夏回族自治区	宁
江西省	赣	新疆维吾尔自治区	新
山东省	鲁	香港特别行政区	港
河南省	豫	澳门特别行政区	澳
湖北省	鄂	台湾省	台

附录四　汉语常用标点符号用法简表
Apéndice IV　Tabla de usos de los signos de puntuación usuales del chino

名称 Denominación	符号 Signo	用法说明 Uso	举例 Ejemplo
句号 punto final	。	表示一句话结束之后的停顿。 Se pone el punto al final de una frase para indicar una pausa después de completar una oración.	我在中国学习汉语。
逗号 coma	，	表示一句话中间的停顿。 Es un signo ortográfico, que representa una leve pausa dentro de una oración.	我是西班牙人，家在马德里。
顿号 signo de pausa	、	表示句中并列的词或词组之间的停顿。 Se usa ese signo de puntuación chino para marcar una pequeña pausa entre palabras o frases coordinadas en una oración.	我家有三口人，爸爸、妈妈和我。
分号 punto y coma	；	用于分句之间，表示大于逗号而小于句号的停顿。 Se emplea entre componentes de una oración compuesta para indicar una pausa mayor que la de una coma pero menor que la de un punto final.	对人民有利的事，我们一定要办；对人民不利的事，我们一定不办。
冒号 dos puntos	：	用以提示下文。 El signo de dos puntos sirve principalmente para señalar lo que sigue en el pasaje.	各位代表：现在会议正式开始。
问号 signo de interrogación	？	用在问句之后。 Se coloca el signo de interrogación al final de una oración interrogativa.	刚才谁来了？

（续表）

名称 Denominación	符号 Signo	用法说明 Uso	举例 Ejemplo
感叹号 signo de admiración	！	表示强烈的感情。 El signo de admiración sirve para expresar emociones fuertes, usado detrás de una frase exclamativa.	啊！多美呀！
引号 comillas dobles comillas sencillas	“” ‘’	有双引号““””和单引号“‘’”两种。引号中再用引号时，里面一层用单引号，外面一层用双引号。 1. 表示直接引用的部分。 Hay dos tipos de comillas: dobles y sencillas. Se usan las comillas sencillas cuando la expresión lo requiere dentro de las dobles. Las comillas se usan en el estilo directo.	小王说：“我同意大家的意见。” 老师问学生：“你们知道‘祸从口出’的意思吗？”
		2. 表示特定的称谓或需要着重指出的部分。 Se usan las comillas para señalar títulos especiales o partes que necesitan ser subrayadas de un texto.	“教师”是个光荣的称号。
		3. 表示讽刺的意思。 Sirven para expresar ironía.	这样的“理论家”，实在还是少一点儿好。
括号 paréntesis	（ ）	表示文中注释的部分。 Sirve el paréntesis para señalar la inserción como explicación en un texto.	各类文艺工作者（包括创作、表演、评论、研究、翻译等）自愿结合，组成自己的专业团体。
省略号 puntos suspensivos	……	表示文中省略的部分。由六个圆点组成，书写时占两个字的位置。 Este signo, formado por seis puntos, se usa ocupando un espacio de dos caracteres para indicar la parte omitida de la oración.	菜市场里，蔬菜很多，有白菜、黄瓜、西红柿、豆角儿……真是琳琅满目。

（续表）

名称 Denominación	符号 Signo	用法说明 Uso	举例 Ejemplo
破折号 guión	——	在文中占两个字的位置。 1. 表示下面是解释说明的部分，有括号的作用。 El guión ocupa un espacio de dos caracteres. Se emplea el guión para indicar lo que sigue es una explicación. Tiene la misma función que el paréntesis.	世界闻名的伟大建筑——万里长城，在两千多年前的秦代已经建成。
		2. 表示意思的递进。 Su uso también tiene una significiación progresiva.	我们要用“团结——批评——团结”的方法解决内部矛盾。
		3. 表示意思的转折。 Además el empleo del guión denota la transición de un significado.	海上的渔船可以随时了解风况，及时避入渔港——不过，有时意料不到，也会出事。
连接号 signo de unión o guión corto	—	1. 在文中占一个字的位置。表示时间、地点、数目等的起止。 Dicho signo de puntuación se utiliza ocupando un espacio de un carácter para expresar el comienzo y terminación de tiempo, lugar o número, etc.	1949 年—1979 年 “北京—上海”直达快车
		2. 表示相关的人或事物的联系。 Se usa para expresar la interrelación de personas o cosas concernientes.	第二次世界大战中，意、德、日法西斯组成了“罗马—柏林—东京”轴心。

（续表）

名称 Denominación	符号 Signo	用法说明 Uso	举例 Ejemplo
书名号 signo para títulos de libros	《 》 〈 〉	表示书籍、文件、报刊、文章的名称。有双书名号“《 》”和单书名号“〈 〉”两种。书名号中再用书名号时，里面一层用单书名号，外面一层用双书名号。 Hay dos tipos de signos para títulos de libros: dobles y sencillos. Se usan los sencillos cuando dentro del título de libro expone otro título.	《现代汉语规范词典》 《环球时报》 这篇《读〈孔乙己〉有感》是我写的。
间隔号 signo de separación	•	1. 表示月份和日期之间的分界。 Se usa para separar el día del mes.	十 • 一（十月一日）
		2. 表示外国人名或少数民族人名内部的分界。 Se utiliza para la separación entre el nombre, y el apellido del padre, de la madre de personas de ciertas etnias.	诺尔曼 • 白求恩 华金 • 阿科斯塔 • 拉腊
着重号 signo de énfasis	•	放在文中需要强调部分的每个字下面。 Se pone por debajo de cada carácter que requiere ser enfatizado.	工艺美术应在保持传统特色的基础上，进一步革新和提高。

附录五　中国民歌选段
Apéndice V　Fragmento de coplas chinas

康定情歌

川 藏 民 歌
郑殿学 编曲

16
mf
康定溜溜的城哟。
李家溜溜的大姐，
mf
21
人才溜溜的好哟，
张家溜溜的大哥，
看上溜溜的她哟，
27
月亮弯弯，
看上溜溜的她哟。

33
p
一 来 溜 溜 的 看 上
p
39
人才溜溜的好哟，二来溜溜的看上会当溜溜的家哟，
45
p
月亮 弯 弯，会当溜溜的家哟。

51
f
a tempo
世间溜溜的女子，任我溜溜的爱哟，世间溜溜的男子，
57
mf
任你溜溜的求哟，月亮弯弯，任你溜溜的
63
求哟。

小河淌水

云南民歌
时乐蒙 编曲
黎英海配伴奏

哥 在 深 山； 哥像月亮天上走，
起 我 的 哥； 一阵清风吹上坡，
m.s.
m.s.
天上 走， 哥 啊！
吹上 坡， 哥 啊！
8va
rit.
哥啊 哥啊！ 山下小河淌 水 清 悠
哥啊 哥啊！ 你可听见阿 妹 叫 阿
f p

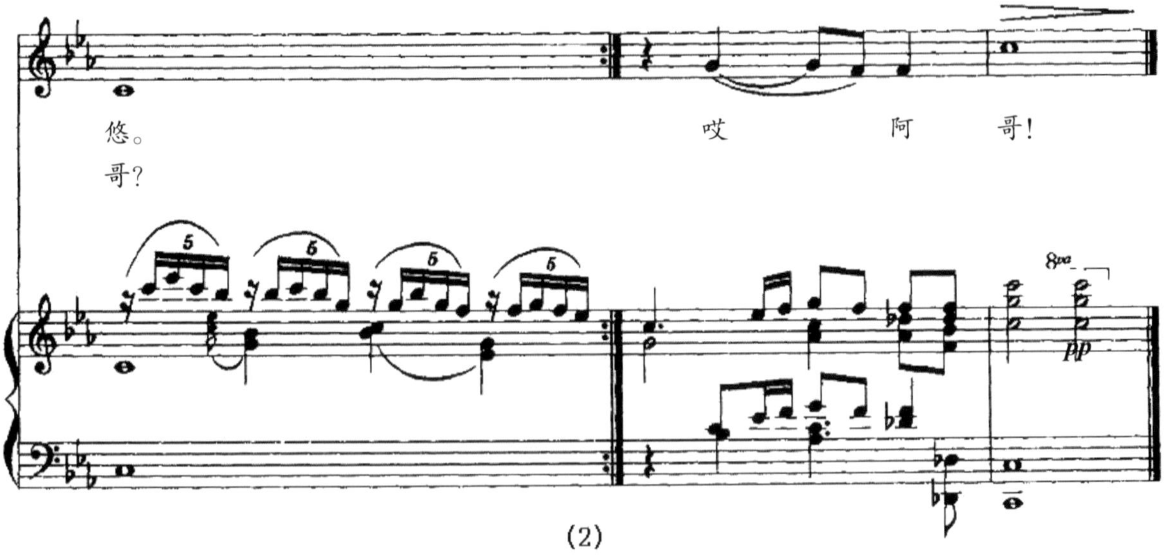
悠。
哥？
哎
阿
哥！
8va
pp
5
(2)

目录

第一课　你在哪儿？

1. 根据拼音朗读下列词组。
Lea las siguientes frases en voz alta según el pinyin.

大学教授	dàxué jiàoshòu	catedrático, ca
中学老师	zhōngxué lǎoshī	maestro, tra
小学老师	xiǎoxué lǎoshī	maestro, tra
公司职员	gōngsī zhíyuán	empleado, da de la empresa
银行职员	yínháng zhíyuán	empleado, da del banco
学校员工	xuéxiào yuángōng	empleado, da de la escuela
警察局	jǐngchájú	comisaría de policía
交通局	jiāotōngjú	Comisión de Tránsito
税务局	shuìwùjú	Oficina General de Impuestos
邮　局	yóujú	Oficina de Correos
收费处	shōufèichù	caja
学生处	xuéshēngchù	División de Asuntos Estudiantiles
财务处	cáiwùchù	Departamento de Finanzas

2. 根据拼音朗读下列词组。
Lea las siguientes frases en voz alta según el pinyin.

男厕所	nán cèsuǒ	Cuarto de baño para hombres
边防哨所	biānfáng shàosuǒ	puesto de guardia fronterizo
图书馆	túshūguǎn	biblioteca
体育馆	tǐyùguǎn	estadio, centro deportivo
咖啡馆	kāfēiguǎn	cafetería
西班牙饭馆	Xībānyá Fànguǎn	restaurante español
网上商店	wǎngshàng shāngdiàn	tienda en línea

3. **朗读下列句子并写出拼音。**

Lea en voz alta las siguientes frases y escriba su pinyin.

（1）咱爸咱妈好吗？他们在家吗？ ________________

（2）他们都很好。他们不在家，去巴黎了。 ________________

（3）那叔叔全家呢？都好吧？ ________________

（4）都很好。他们现在都在西安。 ________________

4. **根据课文内容填空并朗读对话。**

Rellene los espacio en blanco según el texto y luego léalo en voz alta.

（一）

妹妹：咱爸咱妈好吗？他们________家吗？

姐姐：他们都很好。他们不________家，去巴黎了。

妹妹：姐，姑姑还________上海吗？

姐姐：她不________上海了，她现在在天津。

（二）

姐姐：现在你回国了，想去________工作呢？

妹妹：我想去________工作。姐，你还在游泳________工作吗？

姐姐：我早就不在________工作了。我现在在________工作。

妹妹：那姐夫呢？他还在火车________工作吗？

姐姐：他到飞机________工作都一年半了。

5. **完成下列句子。**

Complete las siguientes oraciones.

（1）第一年我住________天津。________年我去________上海。

（2）他姐姐是________，在医院工作。

（3）白天劳尔________学校，晚上他在________。

（4）罗莎明天去________，后天去________。

6. 替换练习。

Ejercicios de sustitución.

（1） A：你妈妈在哪儿？

B：我妈妈在北京。

妈妈	北京
姑姑	西班牙
姐姐	意大利
同学	巴黎
同桌	西安
同屋	天津

（2） A：他们在哪儿？

B：他们在宾馆。

宾馆
大使馆
游泳馆
咖啡馆
图书馆

（3） A：他们在什么地方？

B：他们在花店。

花店
饭店
书店
首饰店
甜点店

（4） A：何塞在什么地方工作？

B：何塞在飞机场工作。

飞机场
停车场
汽车站
火车站

7. 选择正确的词语填空。

Complete las siguientes oraciones con las palabras adecuadas.

公司　　教授　　老师　　法官　　职员　　医院

（1）劳尔的爸爸在银行工作，他是银行________。

（2）她妈妈在大学工作，她是________。

（3）她妈妈是护士，在________工作。

（4）丁力的爸爸是经理，他在________工作。

（5）王平的爸爸在法院工作，他是________。

（6）她妈妈是________，她在中学工作。

8. 连线。

Empareje las oraciones.

（1）劳尔的爸爸在哪儿工作？　　A. 他住在北京。

（2）姑姑去哪儿了？　　B. 她在医院工作。

（3）何塞住在哪儿？　　C. 她去天津了。

（4）你妈妈在哪儿工作？　　D. 他在银行工作。

9. 指出下列句子中的"在"哪些是动词、哪些是介词。

Indique en cuál de las siguientes oraciones "在" es un verbo y en cuál, es una preposición.

（1）第一年我住在威尼斯。　（　　）

（2）我现在在图书馆工作。　（　　）

（3）她妈妈是护士，在医院工作。　（　　）

（4）她叔叔在大学工作。　（　　）

（5）他姐姐是空姐，在飞机上工作。　（　　）

（6）我在北京西站南广场东。　（　　）

（7）他们在家吗？　（　　）

（8）姑姑还在上海吗？　　　　　　　（　　）

（9）姑姑不在上海了，她现在在天津。　　（　　）

10. 根据所给拼音，用括号里的词语组句。

Según el pinyin dado, construya oraciones con las palabras entre paréntesis.

（1）Tāmen zài túshūguǎn.（他　图书馆　们　在）

（2）Tā māma méi zài Zhōngguó.（妈妈　中国　没在　他）

（3）Yuányuan bú zài yīyuàn, tā zài yóuyǒngguǎn.

（医院　不　园园　她　在　游泳馆　在）

（4）Shí'èr diǎn Fāng Fāng bú zài huǒchēzhàn, tā zài fēijīchǎng.

（飞机场　十二点　方芳　火车站　不　在　她　在）

11. 将下列句子翻译成西班牙语。

Traduzca al español las siguientes oraciones.

（1）A：胡安在不在银行？　________________________

B：胡安不在银行。　________________________

（2）A：劳尔在没在智利？　________________________

B：劳尔没在智利，他在古巴。　________________________

（3）A：妈妈在家吗？　________________________

B：妈妈不在家。　________________________

（4）A：爸爸在公司吗？　________________________

B：爸爸不在公司。　________________________

12. 将下列句子翻译成汉语。

Traduzca al chino las siguientes oraciones.

（1）¿Mamá está en casa? ________________________。

（2）Mamá no está en casa. ________________________。

（3）¿Papá está en la empresa? ________________________。

（4）Papá no está en la empresa. ________________________。

（5）¿Juan está en el banco o no? ________________________。

（6）Juan no está en el banco. ________________________。

（7）¿Raúl está en Chile o no? ________________________。

（8）Raúl no está en Chile, está en Cuba. ________________________。

13. 按正确笔顺书写汉字。

Escriba los caracteres según el orden correcto de los trazos.

dì
地

kuài
块

chéng
城

chǎng
场

huài
坏

qiú
球

wán
玩

lǐ
理

xiàn
现

第二课　这是什么地图?

1. 朗读下列句子。

Lea las siguientes oraciones en voz alta.

（1） A：这是什么地图？

B：这是世界地图。

（2） A：那是中国地图吗？

B：那是中国地图。

（3） A：西班牙在哪儿？

B：西班牙在欧洲。

（4） A：智利在哪里？

B：智利在南美洲。

（5） A：加拿大在什么地方？

B：加拿大在北美洲。

2. 根据拼音写出句子。

Escriba oraciones según el pinyin.

（1） A：Zhōngguó zài nǎr? ____________________

B：Zhōngguó zài Yàzhōu. ____________________

（2） A：Mǎlǐ zài nǎge zhōu? ____________________

B：Mǎlǐ zài Fēizhōu. ____________________

（3） A：Zhè shì bu shì Huáng Hé? ____________________

B：Shì de，zhè shì Huáng Hé. ____________________

（4） A：Zhè shì bu shì Cháng Jiāng? ____________________

B：Zhè shì Cháng Jiāng. ____________________

3. 替换练习。Ejercicio de sustitución.

（1）A：你们国家有多少条大江大河？

B：我们国家有<u>四条</u>大江大河。

四条
五条
七条
九条

（2）A：这是不是黄河？

B：这是<u>黄河</u>。

黄河
长江
黄浦江
海河
珠江
黑龙江

（3）A：<u>你喝不喝咖啡</u>？

B：<u>我不喝咖啡</u>。

你	喝咖啡
你哥哥	忙
汉语	难
这	是地图
萨拉	在北京

4. 根据拼音提示选择合适的汉字填空。

Seleccione los caracteres chinos apropiados para rellenar los espacios en blanco según el pinyin.

洲　　圈　　山　　湖

（1）A：南极______在什么地方？　　A：Nánjízhōu zài shénme dìfang?

B：南极______在这儿。　　B：Nánjízhōu zài zhèr.

（2）A：北极圈在什么地方？　　A：Běijíquān zài shénme dìfang?

B：北极______在这儿。　　B：Běijíquān zài zhèr.

（3）A：世界上最高的______叫什么？

A：Shìjiè shang zuì gāo de shān jiào shénme?

B：叫珠穆郎玛峰。

B：Jiào Zhūmùlǎngmǎ Fēng.

（4）A：赛里木______在哪儿？

A：Sàilǐmù Hú zài nǎr?

B：赛里木______在中国的新疆维吾尔自治区。

B：Sàilǐmù Hú zài Zhōngguó de Xīnjiāng Wéiwú'ěr Zìzhìqū.

5. 将下列句子翻译成西班牙语。

Traduzca al español las siguientes oraciones.

（1）他在医院工作吗？

____

（2）他在不在医院工作？

____

（3）你认识何塞吗？

____

（4）你认识不认识何塞？

____

（5）汉语难不难？

____

（6）你喜欢不喜欢小米手机？

____

（7）这台电脑贵不贵？

____

6. 将下列句子翻译成汉语。
Traduzca al chino las siguientes oraciones.

（1）¿Dónde está el río Yarlung Tsangpo?

____

（2）¿Dónde está la meseta Loess?

____

（3）¿Dónde está su patria?

____

（4）¿Dónde está el río de las Perlas?

____

（5）¿Dónde está el río Huangpu?

____

（6）¿Dónde está el paso Shanhaiguan?

____

（7）¿Dónde está la cuenca Turpan?

____

（8）¿Dónde está el paso Jiayuguan?

____

7. 按正确笔顺书写汉字。
Escriba los caracteres según el orden correcto de los trazos.

bīng														
冰														

liáng
凉

lěng
冷

dòng
冻

chōng
冲

jìng
净

cì
次

8. 分析下列合体字的部件、结构，并在后面的空格里写汉字。
Analice los componentes de la estructura de los siguientes caracteres y cópielos en las casillas en blanco.

jiāng
江

hé
河

hǎi
海

zhōu
洲

zhī
汁

hàn
汗

chí
池

shā
沙

huó
活

9. 造句。

Construya oraciones.

写出 5 个正反疑问句并回答。

Escriba cinco preguntas afirmativas-negativas y respóndalas.

10. 知识拓展。

Ampliación del conocimiento.

（1）中国的四大平原 Las cuatro llanuras de China

东北平原	Dōngběi Píngyuán	llanura Dōngbei
华北平原	Huáběi Píngyuán	llanura Huabei

长江中下游平原 Cháng Jiāng Zhōng-xiàyóu Píngyuán

llanura Chángjiāng zhōngx iàyóu

珠江三角洲平原 Zhū Jiāng Sānjiǎozhōu Píngyuán

delta llanura zhūj iāng sānjiǎozhōu

（2）中国的四大高原 Las cuatro mesetas de China

青藏高原	Qīng-Zàng Gāoyuán	meseta del Tíbet
内蒙古高原	Nèiměnggǔ Gāoyuán	meseta de Mongolia Interior
黄土高原	Huángtǔ Gāoyuán	meseta de Loess
云贵高原	Yún-Guì Gāoyuán	meseta de Yungui

（3）中国的四大盆地 Las cuatro cuencas de China

准噶尔盆地	Zhǔngá'ěr Péndì	cuenca de Quanggar
塔里木盆地	Tǎlǐmù Péndì	cuenca del Tarim
四川盆地	Sìchuān Péndì	cuenca de Sichuan
柴达木盆地	Cháidámù Péndì	cuenca del Chaidamu

第三课 吹 牛

1. 朗读下列词语并写出拼音。

Lea en voz alta las siguientes palabras y escriba su pinyin.

电灯	（名）	________________	lámpara
电话	（名）	________________	teléfono
电视机	（名）	________________	televisor
摄像机	（名）	________________	videocámara
照相机	（名）	________________	cámara fotográfica
电熨斗	（名）	________________	plancha eléctrica

2. 朗读下列短语和句子。

Lea las siguientes frases y oraciones en voz alta.

一个茶几 yí gè chájī	一杯茶水 yì bēi cháshuǐ
一套茶具 yí tào chájù	一个茶盘 yí gè chápán
一个茶壶 yí gè cháhú	一个咖啡壶 yí gè kāfēihú
一把酒壶 yì bǎ jiǔhú	一盏酒杯 yì zhǎn jiǔbēi
一套茶杯 yí tào chábēi	一套咖啡杯 yí tào kāfēibēi
一间客厅 yì jiān kètīng	一间餐厅 yì jiān cāntīng
一家餐馆 yì jiā cānguǎn	六张餐桌 liù zhāng cānzhuō
一套餐具 yí tào cānjù	一把刀子 yì bǎ dāozi
一把叉子 yì bǎ chāzi	一把勺子 yì bǎ sháozi

我妈妈有一套茶具。

他姐姐有一套沙发。

我爸爸有一套酒具。

她叔叔有一壶酒。

我们家有三辆汽车。

他们家有六间房子。

罗莎家有四条狗。

3. 替换练习。

Ejercicios de sustitución.

（1） A：你有哥哥吗？

B：我没有哥哥，我有姐姐。

哥哥	姐姐
报纸	本子
电话	手表
摄像机	照相机

（2） A：你有中国朋友吗？

B：我有中国朋友。

中国朋友
钢琴
汉语老师
妹妹

4. 用括号里的词语完成句子。

Complete las oraciones con las palabras entre paréntesis.

（1） A：__________________？（有）

B：我没有汽车。

（2） A：__________________？（有没有）

B：他们有报纸。

（3）A：你家有什么？

B：＿＿＿＿＿＿＿＿。（什么的）

（4）A：这些人你认识吗？

B：＿＿＿＿＿＿＿＿。（谁也/都）

（5）A：你喝什么？

B：＿＿＿＿＿＿＿＿。（什么也/都）

5. 大声朗读下列句子。
Lea en voz alta las siguientes oraciones.

（1）我什么都没有。

（2）我什么也没有说。

（3）我病了，什么也不干了。

（4）谁都没在。

（5）谁也不会去。

（6）谁也不爱她。

（7）这件事他对谁也不说。

6. 将下列句子翻译成汉语。
Traduzca al chino las siguientes oraciones.

（1）Tengo ropa, sombreros, zapatos, calcetines, etc.

＿＿＿＿＿＿＿＿＿＿＿＿＿＿＿＿＿＿＿＿

（2）En mi casa tengo mesas, sillas, taburetes, mesillas de noche, etc.

＿＿＿＿＿＿＿＿＿＿＿＿＿＿＿＿＿＿＿＿

（3）Tengo luz eléctrica, teléfono, ordenador, calentador eléctrico, etc.

＿＿＿＿＿＿＿＿＿＿＿＿＿＿＿＿＿＿＿＿

（4）Si no quieres saber nada, nada te digo.

＿＿＿＿＿＿＿＿＿＿＿＿＿＿＿＿＿＿＿＿

（5）Esto él no lo dice a nadie.

____

（6）Nadie le ama.

____

（7）Nadie quiere ir.

____

（8）Nadie está.

____

（9）Estoy enfermo, nada puedo hacer.

____

（10）No digo nada.

____

（11）No tengo nada.

____

7. 根据拼音写出句子。

Escriba las siguientes oraciones según el pinyin.

（1）Kǎmén yǒu diànshìjī. ________________

（2）Tā méiyǒu zhàoxiàngjī. ________________

（3）Tā yǒu shèxiàngjī, yě yǒu zhàoxiàngjī. ________________

（4）Māma méiyǒu zhàoxiàngjī. ________________

（5）Wǒ jiā méiyǒu xǐyījī. ________________

8. 将下列句子翻译成西班牙语。

Traduzca al español las siguientes oraciones.

（1）我有冰箱，没有电话。

____

（2）她有电磁炉，没有电熨斗。

____

（3）他有没有照相机？

____

（4）妈妈有手机。

____

（5）我有智能手机、照相机什么的。

____

9. 按正确笔顺书写汉字。

Escriba los caracteres según el orden correcto de los trazos.

mù 木

lín 林

sēn 森

chuáng 床

qiáo 桥

guì 柜

xiào 校

10. 知识拓展。

Ampliación del conocimiento.

问问你的中国朋友，“东西”这个词在汉语中有哪些含义。

Pregúnteles a sus amigos chinos qué significa la palabra “东西” en chino.

（1）这是什么东西？ ¿Qué es esto?

那是什么东西？ ¿Qué es aquello?

那些是什么东西？ ¿Qué son aquellos?

（2）他不是好东西。 No es un buen hombre.

（3）这个小东西真可爱！ ¡Qué mono es este niño!

第四课　天上有多少颗星星?

1. 朗读《数字诗》的后半段。

Lea en voz alta la segunda parte del poema de números.

shù zì shī
数字诗

zhuó wén jūn
卓文君

sì yuè pí pa wèi huáng wǒ yù duì jìng xīn yì luàn
四月枇杷未黄，我欲对镜心意乱。

jí cōng cōng sān yuè táo huā suí shuǐ zhuàn
急匆匆，三月桃花随水转。

piāo líng líng èr yuè fēng zheng xiàn jǐ duàn
飘零零，二月风筝线几断。

láng ya láng bā bu dé xià yí shì nǐ wéi nǚ lái wǒ wéi nán
郎呀郎，巴不得下一世你为女来我为男。

2. 朗读下面的对话。

Lea en voz alta los siguientes diálogos.

甲：世界上有多少人?

乙：一百万、二百万、三百万、四百万、五百万、六百万、七百万、八百万、九百万、一千万……

甲：海里有多少只虾?

乙：一百万、一千万……

甲：你有多少钱?

乙：我有很多钱，我是亿万富翁。

3. 朗读下列词语。

Lea en voz alta las siguientes palabras.

一路平安	yílù-píng'ān	¡Buen viaje!
一见如故	yíjiàn-rúgù	Una mirada, viejos amigos.
一见钟情	yíjiàn-zhōngqíng	Amor a primera vista.
一路福星	yílù fúxīng	Que la estrella feliz te acompañe
三心二意	sānxīn-èryì	veleidoso
不三不四	bùsān-búsì	mala conducta
七嘴八舌	qīzuǐ-bāshé	caos, hablar todos a la vez
七手八脚	qīshǒu-bājiǎo	demasiada gente, obrar con desorden.
八九不离十	bā jiǔ bù lí shí	Estar cerca de la verdad
不管三七二十一	bùguǎn sān qī èrshíyī	No reparar en las consecuencias. Salga lo que salga.

4. 选择合适的量词填空。

Seleccione el clasificador apropiado para rellenar los espacios en blanco.

颗　只　口　条　本　张　辆

（1）三______人　　（2）两______羊

（3）一______报纸　　（4）那______鱼

（5）几______书　　（6）十______车

（7）天上有多少______星星？

5. 按正确笔顺书写汉字。

Escriba los caracteres según el orden correcto de los trazos.

qíng
情

pà
怕

kuài
快

máng
忙

dǒng
懂

6. 写作。

Redacción.

以《我的房间》为题写一篇作文，介绍一下你的房间里有什么。要求全部用汉字书写，书写要清楚工整，至少300个字。

Escriba una composición bajo el título "Mi habitación" y describe qué hay en ella. Hay que escribirla con no menos de 300 caracteres, fijándose en escribirlos claros y ordenados.

第五课　天上有什么？

1. 根据拼音朗读下列词语。

Lea en voz alta las siguientes palabras según el pinyin.

雕塑	diāosù	escultura
周围	zhōuwéi	alrededor
现代化	xiàndàihuà	modernización
建筑	jiànzhù	construcción

2. 根据拼音朗读下列短语。

Lea en voz alta las siguientes frases según el pinyin.

(1) 这座老式的建筑	zhè zuò lǎoshì de jiànzhù
(2) 那座现代化的建筑	nà zuò xiàndàihuà de jiànzhù
(3) 这辆新式汽车	zhè liàng xīnshì qìchē
(4) 博物馆附近	bówùguǎn fùjìn
(5) 电影院西边	diànyǐngyuàn xībian
(6) 医院周围	yīyuàn zhōuwéi

3. 根据拼音写出汉字并朗读下列句子。

Escriba los caracteres según el pinyin y luego lea en voz alta las siguientes oraciones.

(1) 这是一座 xiàndàihuà ______________ 的城市。

(2) 那是一座 lǎoshì ______________ 的雕塑。

(3) diāosù _________ 的 zhōuwéi _________ 是花坛。

(4) yīyuàn __________ 旁边是邮局。

(5) bówùguǎn __________ 前边是广场。

4. 替换练习。

Ejercicios de sustitución.

（1）博物馆东边是银行。

东边	银行
旁边	咖啡馆
后边	餐馆
西边	医院
前边	办公楼

（2）银行在药店东边。

银行	药店	东边
药店	医院	附近
服装店	理发店	旁边
火车站	市政府	北边
喷泉	银行	后面

5. 朗读下面的对话。

Lea en voz alta los siguientes diálogos.

何塞：这座大楼是什么地方？

卡门：这座大楼是市政厅。

何塞：这座现代化的建筑是电影院吗？

卡门：是的，这座现代化的建筑是电影院。

何塞：电影院东边是图书馆吗？

卡门：电影院的东边不是图书馆。电影院的东边是博物馆。

何塞：博物馆前边是什么地方？

卡门：博物馆前边是广场。广场上有喷泉，喷泉中间是一尊雕塑。

何塞：广场周围有什么？

卡门：广场四周有咖啡馆、饭馆、小商店。

何塞：那么，医院在哪儿？

卡门：医院在后边。

何塞：这座城市非常古老，也非常美丽。

6. 用括号里的词语替换画线部分并朗读下面的对话。
Rellene los espacios en blanco con las palabras entre paréntesis y lea en voz alta los diálogos.

（1）何塞：那边的建筑是舞剧院吗？（药店）

卡门：那边的建筑不是舞剧院，是市政厅。（药店　医院）

（2）何塞：博物馆前边是什么地方？（哪儿）

卡门：博物馆前边是广场。（医院）

（3）广场上有喷泉，喷泉中间有一尊雕塑。（西边）

（4）卡门：广场四周有什么？（周围　附近）

何塞：广场四周有咖啡馆、饭馆、小商店。

（5）何塞：那座建筑是银行吗？（咖啡馆）

卡门：是，那是银行。

7. 按正确笔顺书写汉字。
Escriba los caracteres según el orden correcto de los trazos.

lú
炉

yān
烟

8. 造句。

Construya oraciones.

用“是”“在”“有”各造三个存现句。

Construya 3 oraciones de existencia con “是” “在” “有” respectivamente.

第六课　亭台六七座

1. 根据拼音朗读下列词语。

Lea en voz alta las siguientes palabras según el pinyin.

橄榄油	gǎnlǎnyóu	aceite de oliva
桶	tǒng	cubo
啤酒	píjiǔ	cerveza
瓶	píng	botella
药	yào	medicina
次	cì	vez
多少	duōshao	cuánto
欧元	ōuyuán	euro
美元	měiyuán	dólar
公斤	gōngjīn	kilogramo
人民币	rénmínbì	RMB (moneda china)
元	yuán	yuan (unidad de RMB)

2. 根据拼音写出词语。

Escriba las palabras según el pinyin.

（1）五百多万 ōuyuán ____________

（2）五六千 měiyuán ____________

（3）二十多桶 gǎnlǎnyóu ____________

（4）píjiǔ ____________有六十瓶左右

（5）三十多 gōngjīn ____________苹果

3. 根据拼音朗读句子。

Lea en voz alta las siguientes oraciones.

（1）他有数不清的人民币。　Tā yǒu shǔ bu qīng de rénmínbì.

（2）他每周打三次排球。　Tā měi zhōu dǎ sān cì páiqiú.

（3）这药都吃了三个月了，病还没好。

Zhè yào dōu chīle sān gè yuè le, bìng hái méi hǎo.

（4）她每周都去游泳，每次都游 1000 来米。

Tā měi zhōu dōu qù yóuyǒng, měi cì dōu yóu yìqiān lái mǐ.

（5）她妹妹出国十多年了。　Tā mèimei chūguó shí duō nián le.

（6）这本书她看了七八遍了。　Zhè běn shū tā kànle qī-bā biàn le.

4. 根据拼音写出汉字，并朗读下列句子。

Escriba los caracteres según el pinyin y luego lea en voz alta las oraciones.

（1）广场上有 jǐ shí _______ 辆车，成qiān _______ 上wàn _______ 人。

（2）这座建筑有sìshí jǐ _______ 层，有shí duō _______ 部电梯。

（3）这座建筑有shàng bǎi _______ 间办公室。

（4）学校有sān-sì qiān _______ 个学生，èr-sān bǎi _______ 个教师。

5. 朗读下面的对话。

Lea en voz alta los siguientes diálogos.

甲：你的房间里有什么？

乙：我的房间里有桌子、椅子、床、电脑桌。

甲：你的房间里有沙发吗？

乙：没有，我的房间里没有沙发。

甲：电脑桌上有什么？

乙：电脑桌上有书、字典、词典、报纸。

6. 将下列句子翻译成西班牙语。
Traduzca al español las siguientes oraciones.

（1）他等了我四十分钟左右。

____

（2）图书馆里有五万多本书。

____

（3）他是七八岁上的小学。

____

（4）房间里有七八个人。

____

（5）院子里有二三十只羊。

____

7. 将下列句子翻译成汉语。
Traduzca al chino las siguientes oraciones.

（1）¿Cuántos son en su grupo?

____

（2）Somos quince, doce muchachos y tres muchachas.

____

（3）¿Cuántos mapas hay en esta aula?

____

（4）Hay dos.

____

（5）¿Cuántas mesas hay en esta aula?

____

（6）No sé. Creo que hay más de veinte.

____

（7）Unos diez compañeros están en el cine.

____

（8）Vinieron 500 personas más o menos.

____

（9）Juan llegó casi una hora tarde.

____

（10）El tren llegará a las diez aproximadamente.

____

8. 按正确笔顺书写汉字。

Escriba los caracteres según el orden correcto de los trazos.

yào
药

jié
节

fēn
芬

kǔ
苦

miáo
苗

huā
花

fāng
芳

cǎo
草

9. 分析下列合体字的部件、结构，并在后面的空格里写汉字。
Analice los componentes y la estructura de los siguientes caracteres y cópielos en las casillas en blanco.

zhú
竹

bǐ
笔

jiǎn
简

dá
答

bèn
笨

kuāng
筐

dí
笛

qiān
签

10. 用下列动词造句。

Construya oraciones con los siguientes verbos.

等 ______________________________

看 ______________________________

念 ______________________________

说 ______________________________

坐 ______________________________

第七课　生日快乐

1. 根据拼音和西班牙语翻译写出生词。
Escriba las siguientes palabras según el pinyin y su significado español.

bìxū	tener que	________
néng	poder	________
yīnggāi	deber, tener que	________
huì	saber	________
xiǎng	querer	________
xīwàng	esperar	________

2. 朗读下列句子并写出拼音。
Lea en voz alta las siguientes frases y escriba su pinyin.

（1）你不应该去博物馆。

____

（2）我得走了。

____

（3）你必须回国。

____

（4）她想回家。

____

（5）他要住在马德里。

____

（6）一定不要告诉他。

____

（7）我希望看这部电影。

____

（8）你不愿意去四川吗？

____

（9）我们能够帮助你。

____

3. 根据课文内容填空并朗读对话。
Rellene los espacios en blanco según el texto y lea en voz alta el siguiente diálogo.

叶妮：从前我想当_____，后来我又想当_____，最近我想当_____。不知道今后我还想当什么。说不定我想_____科学家，_____部长，_____将军呢！

王玫：别_____了。你的生日晚会几点开始？大概_____多长时间？

叶妮：7点半开始，大概需要__________。你的生日是哪天？

王玫：我的生日是农历腊月初八。我_____虎。

4. 完成下列句子。
Complete las siguientes oraciones.

（1）A：你会说西班牙语吗？

B：当然，________________。

（2）A：你会修自行车吗？帮帮我吧！

B：对不起，____________________________。

（3）A：你不会打排球吧？

B：谁说的？________________。

（4）A：你不必去医院了吧？

B：怎么可能呢？______________。

（5）古波的手骨折了，他不________写汉字了。

（6）明天他________去医院，________来开会了。

5. 将下列句子翻译成西班牙语。

Traduzca al español las siguientes oraciones.

（1）他弟弟会说汉语。

____

（2）A：你们会说西班牙语吗？

B：我们不会说西班牙语。

____

（3）你能帮我一下吗？

____

（4）我得回教室了。

____

（5）今天我得去趟银行。

____

（6）对不起，我应该不迟到。

____

（7）我必须马上出发，火车就要开了。

____

6. 将下列句子翻译成汉语。

Traduzca al chinos las siguientes oraciones.

（1）No debes ir al museo.

____

（2）Tengo que marcharme.

____

（3）Ella quiere volver a su pueblo natal.

____

（4）Él quiere vivir en Madrid.

____

（5）No tienes que decírselo.

____

（6）Espero ver esta película.

____

（7）¿No quieres ir a Sichuan?

____

（8）Nosotros podemos ayudarte.

____

7. 你知道中国的十二生肖吗？请按顺序写出十二生肖的名称。

¿Conoce los horóscopos de China? Escriba sus nombres en orden.

（子）鼠　　（丑）__________

（寅）__________　　（卯）__________

（辰）__________　　（巳）__________

（午）__________　　（未）__________

（申）＿＿＿＿＿＿　　（酉）＿＿＿＿＿＿

（戌）＿＿＿＿＿＿　　（亥）＿＿＿＿＿＿

8. 按正确笔顺书写汉字。

Escriba los caracteres según el orden correcto de los trazos.

mão
猫

láng
狼

gǒu
狗

zhū
猪

第八课 快乐的一家

1. 朗读下列词语并写出拼音。

Lea en voz alta las siguientes frases y escriba su pinyin.

浇	________________	regar, echar agua
织	________________	tejer
吹	________________	soplar
开	________________	abrir
照	________________	iluminar, brillar
趴	________________	estar tumbado
瞪	________________	abrir mucho los ojos
追	________________	perseguir
打	________________	golpear, pegar
跑	________________	correr
闹	________________	retozar
爬	________________	arrastrarse
蹦	________________	brincar
跳	________________	saltar
笑	________________	reír

2. 根据拼音写出汉字。

Escriba los caracteres chinos según el pinyin.

kàn _______见　　　　jiāo _______花

zhī _______毛衣　　　　chuī _______笛子

kāi ______门　　pā ______着

dèng ______眼睛　　zhuī ______着

dǎ ______闹　　pǎo ______马拉松

xiào ______着　　tiào ______舞

阳光 zhào ______着大地

3. **朗读下列句子。**
Lea en voz alta las siguientes oraciones.

（1）风吹着。
（2）门开着。
（3）蜻蜓飞着。
（4）蚂蚁爬着。
（5）蝴蝶飞着。
（6）蜜蜂忙着。
（7）小狗瞪着眼睛。
（8）大狗翘着尾巴。

4. **朗读并抄写下列句子。**
Lea en voz alta las siguientes oraciones y cópielas.

（1）蓝蓝的天上飘着白云。 ______
（2）绿绿的田野上开着黄花。 ______
（3）他看见家里的窗子开着。 ______
（4）她看见大门关着。 ______
（5）院子里的草坪上趴着两只小狗。 ______
（6）几个孩子追着、打着、跑着、叫着、闹着。 ______
（7）我蹦着跳着回房间了。 ______

5. **大声朗读下列句子。**
Lea en voz alta las siguientes oraciones.

（1）爸爸正坐着看报。
（2）姑姑正躺着看书。

（3）妈妈正做饭呢。

（4）哥哥正看电视呢。

（5）弟弟在听音乐。

（6）姐姐在洗衣服。

（7）妹妹正在画画儿。

（8）叔叔正在看手机。

（9）爷爷在浇花。

（10）奶奶织毛衣呢。

6. 朗读对话并完成练习。
Lea en voz alta el diálogo y haga los ejercicios.

（赵立等同学们一起去看望生病的孟老师）

赵立：王玲干什么呢？她怎么没来？

严斌：她正在练习跳舞，准备参加跳舞比赛。

赵立：刘莉莉为什么也没来？她在做什么？

严斌：她在准备汉语考试，忙着呢！

赵立：那谭彬彬呢？他在干什么呢？

严斌：今天学校有晚会，他是主持人，正在准备呢！

赵立：他们知道不知道孟老师住院呢？

严斌：他们根本不知道孟老师生病。

赵立：你是怎么通知他们的？

严斌：我只说咱们同学聚会，想等大家到齐后，再告诉他们。

赵立：那咱们快走吧！孟老师正在病房等着咱们呢。

练习：

（1）赵立和同学们要去做什么？

（2）王玲在干什么呢？

（3）同学们知道孟老师住院吗？

7. 将下列句子翻译成西班牙语。

Traduzca al español las siguientes oraciones.

（1）门开着。

____

（2）窗子没开着。

____

（3）空调关着。

____

（4）冰箱没关着。

____

（5）屋里的灯开着。

____

（6）她在看书呢。

____

（7）妈妈正在织毛衣呢。

____

（8）萨拉考试呢。

____

8. 将下列句子翻译成汉语。

Traduzca al chino las siguientes oraciones.

（1）Papá está leyendo el periódico.

____

（2）Mamá está cocinando.

____

（3）Xiao Wang está escuchando la música.

____

（4）Él está echando agua a las flores.

____

（5）La puerta está abierta.

____

（6）La ventana está cerrada.

____

（7）La ventana no está cerrada.

____

（8）Espero ver esta película.

____

（9）La lluvia viene cayendo sin cesar.

____

（10）La luz de la habitación está encendida.

____

（11）Esta casa está siempre vacía.

____

（12）Ella está comiendo, y él está leyendo.

____

9. 按正确笔顺书写汉字。

Escriba los caracteres según el orden correcto de los trazos.

xiā
虾

qīng
蜻

tíng
蜓

mì
蜜

fēng
蜂

hú
蝴

dié
蝶

第九课　拜访朋友

1. 朗读下列词语并写出拼音。
Lea en voz alta las siguientes palabras y escriba su pinyin.

音乐	________________	música
喜欢	________________	gustar
古典	________________	clásico
现代	________________	moderno
挑	________________	elegir
吉他	________________	guitarra
经典	________________	clásico
草莓	________________	fresa
甜点心	________________	golosina

2. 根据拼音写出汉字，并朗读下列词语和短语。
Escriba los caracteres chinos según el pinyin y léalos en voz alta.

tián diǎnxin ______________	cǎoméi ______________
píngguǒ ______________	jítā ______________
jīngdiǎn yīnyuè ______________	xiàndài ______________
gǔdiǎn ______________	xǐhuan ______________
hē chá ______________	liáotiānr ______________

3. 连词成句。

Construya oraciones con las siguientes palabras.

（1）喝茶　还是　你　喝咖啡

______

（2）还是　绿茶　红茶

______

（3）吃　想　我　甜点心

______

（4）我　手机　没有

______

（5）我　吃点心　一边　看电视　一边

______

（6）吃　我　酸的　想　点儿

______

（7）你　古典的　喜欢　还是　现代的

______

（8）听听　你　吧　音乐

______

4. 将下列句子翻译成西班牙语。

Traduzca al español las siguientes oraciones.

（1）你挑吧！

______

（2）给我吧！

____

（3）你看看电视吧！

____

（4）我们一起去吧！

____

（5）你喝茶还是喝咖啡？

____

（6）你听古典的还是现代的？

____

（7）我复习了复习汉语。

____

5. 将下列句子翻译成汉语。
Traduzca al chinos las siguientes oraciones.

（1）¿Comes fresas o manzanas?

____

（2）¿Escuchas la música clásica o moderna?

____

（3）¿Tomas té o café?

____

（4）¡Vamos juntos!

____

（5）¡Vea la televisión primero!

____

（6）¡Pásemelo!

____

（7）La repetición del verbo significa que la acción verbal se realiza en un corto tiempo, o de forma reiterada.

____

6. 造句。

Construya oraciones.

（1）造三个选择疑问句。Costruya tres oraciones interrogativas alternativas

（2）造三个带有动词重叠的句子。Construya tres oraciones con repetición de verbos.

7. 主题会话。

Conversación temática.

（1）王老师邀请你们班的同学去她家做客，请想象王老师会怎么招待你们，你们之间会发生一段怎样的对话。请设计并表演出来。

La profesora Wang invita a todos tus condiscípulos y tú a visitar su casa. Imagine cómo va a recibiros la profesora y qué vais a placticar entre vosotros y ella. Diseña un diálogo y represéntalo.

（2）仿照下面的对话，两人一组进行练习。

Imitando el modelo del siguiente diálogo, diseña uno similar

服务员：你好！来点儿什么？咖啡还是茶？

顾　客：咖啡吧！

服务员：加糖还是木糖醇？

顾　客：木糖醇吧。

服务员：要不要牛奶？

顾　客：要。

服务员：甜点还是饼干？

顾　客：饼干。

8. 按正确笔顺书写汉字。

Escriba los caracteres según el orden correcto de los trazos.

chī
吃

hū
呼

hē
喝

ba
吧

jiào
叫

第十课　你说对了

1. 根据拼音朗读下列词语。
Lea en voz alta las siguientes palabras según el pinyin.

（1）现代 xiàndài
近代 jìndài
后代 hòudài

（2）仆人 púrén
古人 gǔrén
客人 kèrén
能人 néngrén

（3）衣服 yīfu
上衣 shàngyī
雨衣 yǔyī
毛衣 máoyī

（4）食品 shípǐn
样品 yàngpǐn
产品 chǎnpǐn
物品 wùpǐn

2. 朗读下列词语并写出拼音。
Lea en voz alta las siguientes palabras y escriba su pinyin.

清楚	________________	claro
笨	________________	torpe
读	________________	leer
穷	________________	pobre
苦	________________	amargo
谐音	________________	homofonía
妙	________________	excelente
念	________________	leer

3. 朗读下列短语。

Lea en voz alta las siguientes frases.

念：念一念　念了念

猜：猜一猜　猜了猜

弄：弄一弄　弄了弄

指：指一指　指了指

翻：翻一翻　翻了翻

完：完没完　完了　没完

看：看没看　看了　没看

看完了　看懂了　看明白了

听：听没听　听了　没听

听完了　听懂了　听明白了

4. 朗读下列句子。

Lea en voz alta las siguientes frases.

（1）听明白了吗？

听明白了没有？

听没听明白？

（2）看清楚了吗？

看清楚了没有？

看没看清楚？

（3）说明白了吗？

说明白了没有

说没说明白？

（4）讲清楚了吗？

讲清楚了没有？

讲没讲清楚？

（5）写完了吗？

写完了没有？

写没写完？

（6）看见了吗？

看见了没有？

看没看见？

5. 朗读下列句子。

Lea en voz alta las siguientes frases y oraciones.

（1）你看见那副对联了吗？

（2）对面那家的门上有一副对联。

（3）他说的话你听见了吗？

（4）那你就慢慢地看，慢慢地想吧！

（5）他家穷极了。

（6）他家什么都没有。

6. 指出下列词语的词性。
Indique las categorías de las siguientes palabras.

例如：

funcionario	官员	（ 名词 ）
tiempos remotos	古代	（ ）
llevar	带	（ ）
leer	念	（ ）
entender	明白	（ ）
preocuparse	急	（ ）
terminar	完	（ ）
comprender	懂	（ ）
faltar	缺	（ ）
adivinar	猜	（ ）

7. 补齐表格里的句子。
Rellene los cuadros en blanco con las oraciones adecuadas.

结果补语的肯定式 Afirmación	结果补语的否定式 Negación	结果补语的疑问式 Interrogación
我听明白了。	我没听明白。	
	我没做完。	你做完作业了吗？
我看见了。		你看见她了吗？

8. 将下列句子翻译成西班牙语。
Traduzca al español las siguientes oraciones.

（1）的（助）partícula auxiliar

1）你的书在桌子上。 ______________________

2）我的电脑很新。 ______________________

3）胡安的桌子坏了。 ______________________

4）安娜的汽车坏了 ______________________

（2）得（助）partícula auxiliar

1）你说得对。 ______________________

2）他跑得很快。 ______________________

3）他法语说得不错。 ______________________

4）你法语说得也很好。 ______________________

（3）地（助）partícula auxiliar

1）我们慢慢地喝。 ______________________

2）水哗哗地流着。 ______________________

3）她开心地笑了。 ______________________

9. 将下列句子翻译成汉语。
Traduzca al chinos las siguientes oraciones.

（1）El agua corre borbotando.

____

（2）Bebemos despacio.

____

（3）Tú tienes razón.

____

（4）El habla bien el francés.

____

（5）Ella se ríe alegremente.

____

（6）La mesa de Juan está rota.

____

（7）Tu libro es nuevo.

____

（8）Mi ordenador es muy nuevo.

____

（9）Mi libro es muy viejo.

____

（10）Su familia es la más pobre.

____

（11）Su familia es pobrísima.

____

（12）Su novia es la más bella.

____

（13）Su novia es bellísima.

____

（14）Su hijo es inteligentísimo.

____

（15）Su hijo es el más inteligente.

____

10. 按正确笔顺书写汉字。

Escriba los caracteres según el orden correcto de los trazos.

shì
室

zì
字

wán
完

ān
安

shí
实

第十一课　竹林茶苑

1. 朗读下列词语并写出拼音。
Lea en voz alta las siguientes palabras y escriba su pinyin.

老板__________	茶具__________	老师__________
老板娘__________	茶盘__________	师母__________
老乡__________	茶壶__________	师兄__________
老鹰__________	茶杯__________	师弟__________
老鼠__________	茶叶__________	师妹__________
老虎__________	茶道__________	师姐__________

2. 根据拼音朗读下列词语。
Lea en voz alta las siguientes palabras según el pinyin.

樱花时节 yīnghuā shíjié
桃花盛开 táohuā shèngkāi
茉莉花香 mòlì huāxiāng

宜兴茶具 Yíxīng chájù
德国炊具 Déguó chuījù
法国咖啡具 Fǎguó kāfēijù

冬奥会 Dōng'àohuì
奥运会 Àoyùnhuì
博览会 bólǎnhuì

3. 朗读下列句子。

Lea en voz alta las siguientes oraciones.

（1）你们都喝过吗？

（2）虽然没喝过，但是我们知道一些。

（3）她去过上海。

（4）我们一边听音乐一边品茶。

（5）如果你不喜欢这种茶，那就不要喝了。

（6）如果你明天有事，就不要来我家了。

4. 选择合适的词语填空。

Rellene los espacios en blanco con las parabras adecuadas para completar las oraciones.

有的…… 有的……；一边…… 一边……；虽然……但是；

有……有……还有

（1）他们________喝咖啡，________聊天儿。

（2）________我没喝过茶，________我知道一些。

（3）他________个子很高，________很灵活。

（4）我们________听音乐，________喝茶。

（5）________喝过，________没喝过。

（6）我买了很多吃的，________草莓，________饼干，________甜点心。

5. 将下列句子翻译成西班牙语。

Traduzca al español las siguientes oraciones.

（1）如果明天有时间，我们就去咖啡馆喝咖啡吧。

____

（2）我们家一共有六口人。

____

（3）我没去过北京，但是我去过上海。

____

（4）他用手机学习汉语。

____

（5）他一边听音乐，一边做饭。

____

6. 将下列句子翻译成汉语。

Traduzca al chinos las siguientes oraciones.

（1）¿Han tomado ustedes estas marcas de té?

____

（2）Hemos tomado algunas, otras no.

____

（3）Aunque no hemos tomado ninguna de ellas, pero conocemos algunas.

____

（4）Ella ha estado en Shanghai.

____

（5）Él es alto, pero se ve muy ágil.

____

（6）Si no le gusta este té, deje de tomarlo.

____

（7）Ellos toman café y charlan.

____

7. 按正确笔顺书写汉字。

Escriba los caracteres según el orden correcto de los trazos.

jí													
急													

xiǎng													
想													

zěn													
怎													

nín													
您													

8. 用下列关联词语造句。

Construya oraciones con las siguientes conjunciones.

（1）如果……，就……

____

（2）虽然……，但是……

____

（3）先……，然后……

____

（4）有的……，有的……

____

第十二课　报刊亭

1. 朗读下列词语并写出拼音。

Lea en voz alta las siguientes frases y escriba su pinyin.

报刊亭	____________	quiosco de periódicos y revistas
让	____________	hacer, pedir
份	____________	clasificador (de periódicos)
找	____________	devolver (cambio)
人民币	____________	RMB
杂志	____________	revista
帮	____________	ayudar
够	____________	suficiente
脏	____________	sucio, manchado
抱歉	____________	sentir, lamentar
打折	____________	hacer descuento

2. 根据拼音朗读下列词语。

Lea en voz alta las siguientes palabras según el pinyin.

收藏者	shōucángzhě	coleccionista
旅行者	lǚxíngzhě	viajero
集邮者	jíyóuzhě	coleccionista de sellos
盒装	hézhuāng	embalaje con caja
管装	guǎnzhuāng	embalaje con tubo
瓶装	píngzhuāng	embalaje con botella

袋装	dàizhuāng	embalaje con bolsa
火柴盒	huǒcháihé	caja de cerillas
点心盒	diǎnxinhé	caja de pasteles
银行卡	yínhángkǎ	tarjeta del banco
公交卡	gōngjiāokǎ	tarjeta de transporte público
借书卡	jièshūkǎ	tarjeta de préstamo de libros
月票	yuèpiào	abono mensual
年票	niánpiào	abono anual
邮票	yóupiào	sello (de correos)

3. 朗读下列句子。
Lea en voz alta las siguientes oraciones.

（1）大卫让我去买报纸。

（2）同屋请我帮他换一本杂志。

（3）爷爷叫我去买杂志。

（4）劳驾！请拿一份《北京青年报》。

（5）不好意思，我的钱不够了，明天再说吧！

（6）找您三十元，请数一下。

4. 连词成句。
Construya oraciones con las siguientes palabras.

（1）小刘　去　借书　图书馆　叫　小方

____

（2）大家　听　请　讲一讲　老师　中国历史

____

（3）老师　课文　读　让　萨拉

____

（4）来　一杯　请　咖啡

____

（5）看　电视　别　了

____

5. 将下列句子翻译成西班牙语。
Traduzca al español las siguientes oraciones.

（1）爷爷叫他去买咖啡。

____

（2）别说话了。

____

（3）请给我一杯茶。

____

（4）爸爸让大卫去买报纸。

____

（5）找您30块。

____

6. 将下列句子翻译成汉语。
Traduzca al chino las siguientes oraciones.

（1）Ruego a todos que escuchen atentamente lo que voy a explicar sobre la historia del té de China.

____

（2）El profesor me pide leer la lección otra vez.

____

（3）Pruébalo por favor!

____

（4）¡No fumes!

____

（5）¡No llores!

____

（6）¡No alborotéis! Estamos en clase.

____

（7）¡Lárgate!

____

（8）¡Dámelo!

____

（9）¡Apártate!

（10）Dame un ejemplar de «Globo»!

____

7. 按正确笔顺书写汉字。

Escriba los caracteres según el orden correcto de los trazos.

liào													
料													

fěn
粉

liáng
粮

táng
糖